DR. JAN KOPIA

ZOCKEN VIDEOSPIELE UM ZU LERNEN

Eine Anleitung für Eltern und Lehrer für sinnvolle Computerspiele und spielerisches Lernen

Enthält über 50 Seiten aktueller Spiele-Empfehlungen!

VIDEOSPIELE ZOCKEN, UM ZU LERNEN

EINE ANLEITUNG FÜR ELTERN UND LEHRER FÜR SINNVOLLE COMPUTERSPIELE UND SPIELERISCHES LERNEN

JAN KOPIA

Impressum

- Jan Kopia, Rapsweisslingstr. 19, 12683 Berlin

- Erste Ausgabe vom 5.3.2019
- ISBN: 978-3-9820778-5-7
  ISBN ebook: 978-3-9820778-2-6

INHALT

Gewidmet meinen Kindern Desmond, Darrion und Fionella, die so viel Zeit damit verbrachten, mit mir die Welt so vieler Spiele kennenzulernen. Ihr habt mir eine praktische Seite gezeigt, die die endlosen Stunden der Literaturrecherche und Interviews angenehm gemacht haben.
Es ist wunderbar, euch wachsen zu sehen!

ÜBER DEN AUTOR_

Dr. Jan Kopia arbeitet seit fast 15 Jahren mit Kindern. Er begann seine Karriere als Lehrer für hochtalentierte Kinder mit Themen im Schwerpunkt Naturwissenschaften und Technik.
Er engagiert sich außerdem in der Forschung und Entwicklung Technologienaher Themen, der Auditierung sowie im Bildungsbereich.

TEIL EINS: DIE DIGITALE LANDSCHAFT_

EINFÜHRUNG_

Hintergrund

Die Erziehung ist ein stark vernachlässigter Aspekt des menschlichen Lebens geworden. Dies ist ein Trend, der bereits zu Beginn des 21. Jahrhunderts spürbar wurde. Es lässt sich nicht leugnen, dass viele Eltern aber auch Lehrer Schwierigkeiten haben, die für die heutige Erziehung notwendigen Fähigkeiten und Kenntnisse zu erwerben, um die Kinder auf eine technologisierte Welt ausreichend vorzubereiten. Das Ergebnis ist eine Mangelversorgung des Kindes im Sinne moderner Förderungsmöglichkeiten.

Eltern sind eine wichtige Stütze bei der Förderung und Aufrechterhaltung des allgemeinen Wachstums und Wohlbefindens eines Kindes vom Säugling bis zum Erwachsenenalter. *Gute* Erziehung – auch im Sinne der Nutzung technologischer Hilfsmittel - bedeutet daher, bei der Erziehung eines Kindes wirksame Maßnahmen anzuwenden, die zu einer spürbaren Verbesserung seiner körperlichen, emotionalen, sozialen und intellektuellen Entwicklung führen. *Schlechte* Erziehung beinhaltet den gezielten oder unbeabsichtigten Einsatz einer Reihe von Maßnahmen in der Erziehung eines Kindes, die seine Gesamtentwicklung ernsthaft beeinträchtigen können.

Die richtigen Maßnahmen zur Erziehung eines Kindes zu kennen und umzusetzen, ist keine einfache Aufgabe. Es erfordert harte Arbeit und eine Offenheit zum Lernen und eine Opferbereitschaft (hauptsächlich im zeitlichen Sinne). Psychologen und Forscher haben beobachtet, dass das Versäumnis in dieser Richtung zu psychischen Störungen bei Kindern führen kann. So kann das Kind beispielsweise eine Unfähigkeit entwickeln, Freunde zu finden und harmonische Beziehungen zu führen. Auch Depressionen und ein niedriges Selbstwertgefühl können Folgen sein. Informationstechnik spielt hierbei heute eine besondere Rolle, bietet sie doch die Möglichkeit leichter Ablenkung, so dass die Erziehung noch weiter vernachlässigt wird. Auf der anderen Seite bietet neue Technologien auch Möglichkeiten, richtige Maßnahmen zu ergreifen.

Gute Eltern verstehen sich selbst *und* die Kinder und nutzten dann dieses Wissen, um sinnvolle Aktivitäten zu schaffen, die die Kinder charakterlich, intellektuell und empathisch fördern – und dies auch oder gerade mit gebotener Technik. Doch wie kann man dieses Wissen erwerben? Dieses Buch beantwortet diese (und viele weitere) Fragen, indem es Aufklärung und Empfehlungen bietet, die in realen Situationen nützlich sind, um den Drang von Kindern im Bereich Computerspiele im Sinne der Lernunterstützung einzusetzen.

FÜHRER WAR HAUSARREST EINE STRAFE, HEUTE IST „GEH RAUS SPIELEN" EINE STRAFE.

Willkommen im 21. Jahrhundert

Das 21. Jahrhundert ist geprägt von Technologieblasen, die stetig neue Themen hervorbringen. Routineaufgaben wie das Senden und Empfangen von Postsendungen, um mit den Lieben in Kontakt zu bleiben, sind durch die Verwendung von äußerst komplexen, aber einfach gestalteten Geräten wie Smartphones, Tablets und Laptopgeräten sehr viel einfacher geworden. Während einige dieser technologischen Fortschritte weltweit begrüßt werden, haben sie auch negative Seiten, insbesondere in der Art und Weise, wie sie die Einstellung von Kindern, aber auch die der Eltern beeinflussen. Studien [1-5] haben gezeigt, dass eine erstaunlich hohe Anzahl von Kindern Smartphones besitzen oder Zugang dazu haben. Die meisten von ihnen sind darüber ständig mit Social Media Plattformen verbunden. Logischerweise bleibt anzunehmen, dass die Zeit, die mit diesen Geräten verbracht wird, keine Zeit ist, die mit anderen Aktivitäten wie Lesen und körperlicher Betätigung verbracht wird. Die Technologie hat im Gegensatz zu Kindern früherer Generationen erhebliche Auswirkungen auf die Art und Weise, wie Kinder mit ihrer unmittelbaren Umgebung und mit anderen Menschen um sie herum interagieren. Obwohl Social Media für Bildungszwecke genutzt werden kann, wirkt sich ihre übermäßige Nutzung negativ auf das Selbstwertgefühl und das Selbstvertrauen der Kinder und ihre allgemeine persönliche Entwicklung aus [6].

Einer der größten Unterschiede in der Art und Weise, wie Kinder der Industriestaaten heute leben, ist, dass sie sich weniger bewegen. Dies ist vor allem darauf zurückzuführen, dass Technologien (wie Tablets, Smartphones und Spielkonsolen) sie quasi dazu auffordern, sich nach der Schule erstmal an das Gerät zu setzen. Und warum sollten sie sich bewegen, wenn sie die in Hülle und Fülle gebotener Unterhaltung direkt in ihren Händen halten? Infolgedessen gehen immer weniger Kinder nach draußen und spielen mit anderen Kindern. Dies führt zu steigenden Fettleibigkeitsraten bei Kindern und auch Erwachsenen. Im Jahr 2012 lag die Rate bei 18%, was 11% höher ist, als 1980[7]. Während viele Schulen und Eltern Maßnahmen ergreifen, um diesen Trend einzudämmen, indem sie organisierte Bewegung während und nach der Schule fördern, ist es noch ein langer Weg, um Kindern zu helfen, im Sinne der Bewegung den Lebensstil anzunehmen, der für das „Computerzeitalter“ angemessen ist.

Ein weiterer Effekt, den die Technologie auf Kinder hat, ist die Art und Weise, wie sie mit anderen Kindern interagieren. Kinder, die viel Zeit mit ihren Geräten verbringen, verbringen weniger Zeit mit Gleichaltrigen. Darunter leidet die soziale Entwicklung.

Dieses Buch hat jedoch nicht zum Ziel die vielfältigen

Einsatzmöglichkeiten der Technik auszuschließen, sondern vielmehr als Leitfaden für Eltern zu dienen, das Beste mit der Technologie zu machen, was derzeitig möglich ist. Technologie bietet eine Vielfalt an Möglichkeiten, um Kinder auf positive Weise beim Lernen zu unterstützen und kann sich bei richtiger Anwendung als große Hilfe bei in der Erziehung erweisen.

Die Eltern des 21. Jahrhunderts

Als Elternteil im digitalen Zeitalter muss man verstehen, dass eine absolute Kontrolle über die Entwicklung Ihres Kindes nicht sinngebend ist, da sie weder gewährleistet werden kann noch förderlich ist. Stattdessen muss ein Ansatz des gegenseitigen Verständnisses zwischen Eltern und Kind verfolgt werden, um die vielen Punkte der Erziehung in der heutigen Zeit zu bewältigen. Eine Möglichkeit, dieses gegenseitige Verständnis zu erreichen, besteht darin, die Bedürfnisse des Kindes in verschiedenen Phasen seines Wachstums und seiner Entwicklung zu erkennen und die Erziehung an seine Bedürfnisse anzupassen. Dies umfasst auch die Nutzung moderner Technologien, dessen sinnvollen Umgang Kinder von früh an erlenen sollten.

DURCH DAS ÜBERANGEBOT AN MEDIALEN INHALTEN, MÜSSEN ELTERN HEUTE MEHR VERANTWORTUNG FÜR SINNVOLLE ERZIEHUNG ÜBERNEHMEN ALS ES DAS FRÜHER DER FALL WAR!

Die Elternschaft des 21. Jahrhundert, muss im Sinne der medialen Vielfalt ein Mehrfaches an Belastungen früherer Generationen ertragen. Der technologische Fortschritt, die wirtschaftliche und gesellschaftliche Entwicklung einschließlich der wachsenden „Urbanisierung“ treiben dies weiter voran. Ein Ergebnis der schnellen Entwicklung in der Welt ist die ständige Notwendigkeit für Eltern, ihre Verhaltensmuster anzupassen. Im späten 20. Jahrhundert zum Beispiel könnte ein Elternteil vor der Herausforderung gestanden haben, seine Kinder mehr drinnen zu beschäftigen, um zu verhindern, dass sie beim Spielen mit anderen Kindern zu Schaden kommen. Im Gegensatz dazu, ist es heute eher besorgniserregend für Eltern, wenn die Kinder zu viel Zeit im Haus an ihrem Smartphone oder vor dem Fernseher verbringen.

Technologische Innovationen haben die mühsame Aufgabe, Eltern zu sein, noch anspruchsvoller gemacht. Mehr denn je wird davon ausgegangen, dass die geistige, körperliche, emotionale und intellektuelle Gesundheit von Kindern, die zu viel Zeit mit digitalen Technologien verbringen, gefährdet ist. Kinder und auch Erwachsene werden durch die Nutzung sozialer Medien ängstlicher und unsicherer. All diese negativen Auswirkungen treten zudem in einer Zeit auf, in der Eltern mit der Verantwortung konfrontiert werden, Kindererziehung *und* stetig steigende Arbeitslast durch den Beruf unter einen Hut zu bringen.

Die Rollen und Verantwortlichkeiten, die Eltern ihren Kindern gegenüber in der Neuzeit übernehmen müssen, sind komplexer geworden, und es gibt keine einfache Lösung für die dadurch entstandenen Probleme. Es gibt jedoch bestimmte Richtlinien und Empfehlungen, die zu positiven Ergebnissen bei der Erziehung von Kindern führen können. "Eltern werden nicht geboren, sie werden gemacht." Das Augenmerk dieses Buches liegt darauf, die einzigartigen Herausforderungen zu skizzieren, mit denen Eltern der Neuzeit bei der Nutzung digitaler Spieleinhalte konfrontiert sind, und Richtlinien und Empfehlungen zu präsentieren, die ihnen helfen, mit ihnen fertig zu werden.

VERGLEICH MODERNER GERÄTE_

TECHNOLOGISCHE GERÄTE SIND zu Anhängseln für uns geworden, die sich kaum jemand aus dem Alltag wegdenken lässt. Wie konnte man vor noch wenigen Jahren ohne Handy aus dem Haus gehen oder den ganzen Tag nicht erreichbar sein oder sich unterwegs verabreden? Wie hat man sich Antworten auf wichtige Fragen oder die Neuigkeiten der Welt geholt und wie blieb man mit entfernten Menschen in Kontakt?

Von Mobiltelefonen bis hin zu Desktop-Computern, von Herzfrequenzmessgeräten bis hin zu Blutzuckersensoren, intelligente Uhren und Ringe - elektronische Geräte sind zu einem zusätzlichen Anhängsel in unserer Anatomie geworden. Obwohl Kinder und Erwachsene bestimmte Geräte gemeinsam nutzen - darunter Mobiltelefone und Computer -, werden einige dieser Geräte fast ausschließlich von bestimmten Altersgruppen verwendet. Gesundheitsmessgeräte wie Blutzuckersensoren und Herzfrequenzsensoren werden in der Regel nur von älteren Menschen verwendet, während jüngere Menschen trivialere Geräte wie Spielkonsolen und digitales Spielzeug bevorzugen. Als Elternteil ist es daher zunächst einmal wichtig zu wissen, welche „Gadgets" für die Kinder geeignet sind und welche Auswirkungen sie haben können.

Personal Computer

Personal Computer (PCs) haben, wie die meisten Geräte, in den letzten Jahrzehnten enorme Entwicklungen durchgemacht. Privathaushalte - und sogar Büros – gehen von sperrigen Desktop-Computern zu den tragbaren und eleganteren Notebooks und Laptops über (zwei Bezeichnungen für dasselbe Gerät). Notebooks und Laptops werden von Kindern im Gegensatz zu Desktop-PCs wegen ihrer relativ geringen Größe und einfachen Handhabung bevorzugt. Dies soll nicht heißen, dass Desktop-Computer ihre Bedeutung verloren haben. Sie sind immer noch in vielen Haushalten anzutreffen, vor allem wegen ihrer geringeren Kosten, der besseren Leistungsfähigkeit und ihrer Langlebigkeit.

Computer können eine wertvolle Hilfe in der Kindererziehung darstellen. Sie sind in der Lage, tausende von Softwareprogrammen auszuführen und bieten schnellen Zugriff auf das Internet und andere Quellen, die die Lernerfahrung innerhalb und außerhalb des schulischen Lehrplans verbessern können. Es gibt auch eine Vielzahl von Lernspielen, die auf einem Computer ausgeführt werden können. Dazu gehören taktische Brettspiele, Wortspiele, Strategiespiele, Abenteuerspiele und sonstige Lern- und Denkspiele, die alle das Potenzial haben, die Bildung des Kindes zu fördern. Abgesehen vom Lernen und Spielen am Computer kann man Kindern auch beibringen, wie man mittels Tastatur schreibt. Gutes Tippen ist eine wichtige, aber leider oft vernachlässigte Fähigkeit, die man zu Hause – quasi nebenbei - erlernen kann. Es gibt viele kostenpflichtiger und kostenlose Computerprogramme, die auch auf spielerische Art und Weise das Erlernen des Zehnfingersystems unterstützen. Mit zunehmender Technologisierung wird es *immer* wichtiger, dass ein Kind lernt, wie man schnell auf einer Tastatur schreibt. Auf der anderen Seite, entwickelt sich Spracheingabe und alternative Eingabeformen ebenso weiter, so dass das Tippen vielleicht bald nicht mehr nötig ist.

Während Computer effektiv zur Förderung von Kindern eingesetzt werden können, kann ein übermäßiger Gebrauch auch schädlich sein. Es muss darauf geachtet werden, dass Kinder einen angemessenen Zeitraum an ihren PCs verbringen.

PCs gibt es in verschiedenen Designs. Desktop-Computer sind typischerweise so aufgebaut, dass sie über einen externen Bildschirm und eine externe Tastatur verfügen, die an USB-Ports auf der Rückseite des PCs angeschlossen sind. Desktop-Computer sind beliebt für Heim- und Geschäftscomputeranwendungen, da sich so auf dem Schreibtisch mehrere Monitore platzieren lassen. Laptops hingegen sind so konzipiert, dass sie tragbar sind. Normalerweise ist die gesamte, für den Betrieb des Laptops erforderliche Hardware, wie Motherboard, Bildschirm, Stromanschlüsse und Prozessoren, in einer einzigen Einheit integriert. Laptops werden aufgrund ihrer Portabilität und einfachen Handhabung immer häufiger gegenüber Desktop-PCs bevorzugt. Ein großer Vorteil der Letzteren gegenüber Laptops ist jedoch, dass sie in der Regel besser aufrüstbar und kostengünstiger sind als Laptops. Dies gilt allerdings weniger für Macintosh-Geräte.

Eine andere Art von PC, die ebenfalls Beachtung verdient, ist das Netbook. Netbooks sind kleinere, leichtere und billigere Versionen von Notebooks und werden manchmal als Mini-Notebooks oder Mini-Laptops bezeichnet. Sie sind noch kleiner und kompakter konzipiert und können nur grundlegende Aufgaben übernehmen und auf das Internet zugreifen. Seit ihrer Entwicklung im Jahr 2007 haben Netbook-Computer Hardware-Entwicklungen durchlaufen, die so groß sind, dass die einzigen Unterschiede zwischen einem modernen Netbook und seinem Notebook-Pendant tatsächlich nur noch an ihrer Größe und ihren Preisen auszumachen sind. Die Gerätetypen verschmelzen mehr und mehr.

Gaming-Computer sind im Wesentlichen Standard-Computer, die für ein High-End-Spielerlebnis mit leistungsstarker Hardware, Grafikkarten und Prozessoren entwickelt wurden, um so die Anforderungen anspruchsvoller 3D-Videospiele zu erfüllen. Sie sind sowohl als Laptop wie auch als Desktop verfügbar.

Als Eltern entscheiden sie, welchen Computer das Kind benötigt.

Unabhängig von Marke und Modell erfüllen die meisten PCs ähnliche grundlegende Funktionen wie Texteingabe, Internetnutzung, Ausführen von Bildungs- und einfachen Spielprogrammen in nahezu gleichem Maße. Geht es jedoch um moderne 3D-Spiele, ist ein leistungsfähiger Computer notwendig. Im Sinne des Lernens, sind 3D-Spiele jedoch nicht erforderlich, da eine große Diskrepanz des derzeitigen Marktes der Mangel an Lernspielen ist, die moderne 3D-Engines- oder Technologien verwenden. Der einzige Unterschied zwischen diesen Computern ist die Plattform, auf der ihre Programme ausgeführt werden. Diese Plattformen werden als Betriebssysteme (OS – für operational software) bezeichnet. Die vier Betriebssysteme, die heute in der Computerwelt gebräuchlich sind, sind Windows, Mac OS, Linux und Chrome OS.

Abbildung 3.1: PCs bilden eine Basis fürs Lernen.

Das Windows-Betriebssystem wurde von Microsoft entwickelt und kann auf den meisten PCs verwendet werden. Die neueste Ausgabe von Windows zum Zeitpunkt dieses Buches ist Windows 10. Mac OS ist, im Gegensatz zu Windows, ein Betriebssystem, das nur auf Apple-Computern läuft. Linux ist eine Open-Source-Betriebssystem-Software, die auf dem Linux-Kernel basiert. Chrome OS ist eine weitere Art von Betriebssystem, das von Google entwickelt wurde und auf dem Linux-Kernel basiert. Es ist in erster Linie für die Unterstützung von Webanwendungen konzipiert. Für Spiele im Allgemeinen aber auch im Bereich Lernspiele bietet sich eher Windows als Betriebssystem an, da es dort eine größere Auswahl an Lernspielen gibt.

High-End-Computer sind teurer, leistungsfähiger und bieten eine Reihe von Leistungen, die ihre kostengünstigeren Kollegen nicht erfüllen können. Dennoch können die meisten Lernspiele durchaus auf "normalen" PCs ausgeführt werden und erfordern keine High-End-Grafikfunktionen. Folgende Punkte dienen als Hilfestellung bei der Auswahl des richtigen Computers:

- Wie viel Budget steht für ein Computer zur Verfügung

Ein Spiele-Laptop kostet schnell einige Tausend, ein Netbook oder Chromebook nur wenige Hundert. Einfache Lernspiele oder Internetnutzung ist bereits bei den preiswerten Geräten möglich.

- Sind nur Lernspiele wichtig oder möchte ich dem Kind auch moderne 3D-Spiele ermöglichen?

Da es leider so gut wie keine modernen 3D-Lernspiele gibt, geht es hier nur um die Frage, ob das Kind auch andere Spiele spielen möchte / darf.

- Muss das Gerät herumgetragen werden?

Diese Frage geht in Richtung Laptop oder Desktop. Auf allen laufen (Lern-)Spiele gleichermaßen.

- Welche Auswahl ist mir wichtig?

Die Auswahl an Lernspielen ist bei Windows größer als bei MacOS oder Linux. Ist man eingefleischter Apple-Nutzer, tendiert man womöglich eher zu MacOS für sein Kind.

Smartphones und Tablets

Bevor das Smartphone populär wurde, boten Computer (Desktops und Notebooks) so ziemlich die einzige Möglichkeit für das elektronische Lernen mit Kindern. Die Handhelds aus früheren Zeiten, die größtenteils mit LCD-Displays und sehr einfachen 2D-Spielen ausgestattet waren, boten keine nennenswerte Lernerfahrung. Obwohl es vor Apples iPhone bereits Smartphones gab, war es dieses Produkt, das einen Hype auslöste, der seitdem unaufhaltsam ist.

Abbildung 3.2: Kinder spielen auf ihren Smartphones – das Smartphone wird von Kindern mit Abstand am häufigsten für Spiele genutzt.

Seit 2007 wird das Smartphone so intensiv genutzt, dass es den PC in Bezug auf Marktanteile für Recherche, Spiele, allgemeine Internetnutzung und Kommunikation mehr und mehr ersetzt. Darüber hinaus ist die Einführung des iPad, eines Tablet-Computers mit einem größeren Display, eine weitere technische Revolution. Neben Apple brachten viele andere Hersteller Smartphones und Tablets auf den Markt und revolutionierten den Einsatz elektronischer Geräte grundlegend.

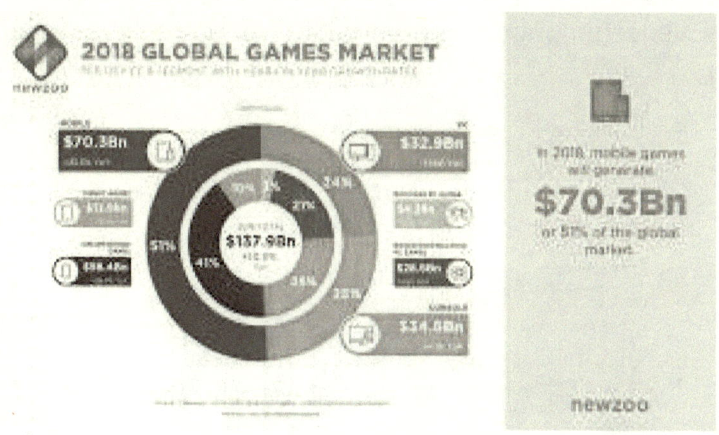

Abbildung 3.3: Marktanteilanalyse des globalen Spielemarktes 2018

Smartphones und Tablet-PCs ermöglichen es, mobile Anwendungen, kurz Apps, zu nutzen. Apps sind nichts Anderes als Programme, die installiert werden, genau wie Computerprogramme auf Computern installiert werden. Der Hauptunterschied zwischen Computerprogrammen und mobilen Anwendungen liegt in der oftmals geringeren Komplexität und meistens auch dem Preis. Mit über 2 Millionen Apps (2018) in jedem der führenden Online-Shops ("App Store" von Apple und "Play Store" von Google) sind die Angebote für mobile Apps nahezu unbegrenzt.

Da Kinder zunehmend Smartphones, Tablets und andere Handheld-Geräte verwenden, werden Altersempfehlungen für mobilen Apps zu einem wichtigen Faktor. Leider gibt es in Bezug auf das Alter kaum Standards oder Orientierungshilfen, die weltweit angewendet werden, um kindgerechte Programme und Anwendungen zu entwickeln. In diesem Zusammenhang haben Entwickler von mobilen Apps die

Freiheit, Apps nach eigenem Ermessen zu entwerfen und freizugeben, ohne auf Altersempfehlungen zu achten. Selbst wenn sich Endbenutzer über die Unangemessenheit von Anwendungen beschweren, werden die Anwendungen in den meisten Fällen einfach aus den App-Stores gelöscht, so dass die Frage der Implementierung der dringend benötigten Standards weiterhin unbeantwortet bleibt (mehr zu Altersfreigaben siehe Kapitel 7).

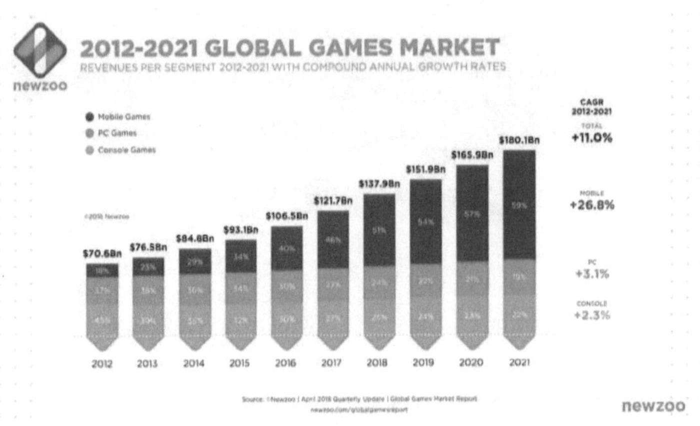

Abbildung 3.4: Prognose für den globalen Spielemarkt 2012-2021

Derzeit gibt es nur wenige Unterschiede zwischen Tablets und Smartphones in Bezug auf die Art der Anwendungen, die sie ausführen können. Die meisten Apps funktionieren auf einer Vielzahl von Geräten in gleichem Maße. Aufgrund unterschiedlicher Bildschirmgrößen und technologischer Spezifikationen kann dieselbe App auf Smartphones jedoch anders aussehen als auf Tablets. Tablets bieten den Vorteil eines viel größeren Bildschirms (jedoch in der Regel mit ähnlicher Auflösung wie bei Smartphones) und der Kompatibilität mit anderen interaktiven Geräten (z.B. Stiften, die sich auch für das Lernen durchaus eignen). Trotz dieser scheinbar beeindruckenden Vorteile von Tablets gegenüber Smartphones gehen die Tablet-Verkäufe weltweit zurück. Dies hat dazu geführt, dass Entwickler mobile Apps vielfach nur in Smartphoneoptimierten Versionen anbieten. Bis auf wenige Ausnahmen bei Apps, die großes Potenzial haben, als Beispiele für positive Entwicklungen in der Mensch-Maschine Interaktion für Geräte der Zukunft zu dienen, fehlt es insbesondere im Bereich Bildung an innovativen Angeboten.

Smartphones und Tablets sind seit weniger als 10 Jahren erhältlich. Daher sind Studien und wissenschaftliche Forschungen auf diesem Gebiet derzeit knapp und aufgrund des Fehlens von Langzeitstudien kaum folgerichtig. Daher gibt es auch unterschiedliche Meinungen darüber, welche Gefahren die Nutzung von Tablets und Smartphones für die Gesellschaft insgesamt und insbesondere für Kinder mit sich bringen. Daher sind alle aktuellen Diskussionen im journalistischen, pädagogischen oder wissenschaftlichen Bereich zwar wichtig, aber dennoch nicht allgemeingültig im Hinblick auf Rückschlüsse und Schlussfolgerungen.

Abbildung 3.5: Obwohl die Marktanteile sinken, bleibt das Tablet eines der beliebtesten elektronischen Spielzeuge für Kinder, insbesondere für Kinder zwischen 6 und 12 Jahren.

Konsolen und Handhelds

Die hier beschriebene Hardware umfasst hauptsächlich Geräte, die für den Einsatz in Freizeitspielen bestimmt sind. Es gibt eine Vielzahl von Spielekonsolen auf dem Markt, aber die bekanntesten derzeit verfügbaren Konsolen sind Sony PlayStation, Nintendo DS, Microsoft Xbox und Nintendo Switch (als Nachfolger der Wii/Wii U).

Seit der Einführung der ersten Spielekonsolen, wie zum Beispiel des "Gameboy" (1989), hat der Spielbereich revolutionäre technologische Innovationen erlebt, die sich vor allem in der Verbesserung der grafischen Leistung widerspiegeln. Spielkonzepte und -ideen sind über die Jahre weitgehend gleichgeblieben. Zu den Innovationen, die nach der Erfindung der ersten "Handhelds" und stationären Konsolen hervorzuheben sind, gehören die Wii-Controller mit Bewegungserkennung (2006) - auch Wii Motion Controller genannt - sowie die PlayStation VR (2016). Die Bewegungserkennung der Controller ermöglichte es den Spielern, ihre eigenen Körperbewegungen mit dem Spiel zu verbinden (z.B. einen Ball werfen, stark schwingen, etc.), was bisher nur durch Knopfdruck eines Gamecontrollers möglich war. Diese Controller werden durch Körperbewegungen gesteuert. Bewegung hat erwiesenermaßen positive Effekte auf die Lernerfahrung, weswegen für kleinere Kinder die Kombination aus Bewegung und Mediennutzung eine sinnvollen Lerneffekt haben kann. Die Wii-Nunchuk-Controller sind ein sehr gutes Eingabegerät für das spielerische Lernen, welches kein anderer Hersteller so erfolgreich reproduziert hat (die Microsoft Kinect Technologie war nicht erfolgreich auf dem Markt und PlayStation move ist von einem Nischenprodukt zur Sonys VR-Produkt geworden, welches für Lernspiele derzeit ebenso wenig Verwendung findet). Neuere Produkte wie Nintendo Switch gehen jedoch in Bezug auf die Steuerung durch Körperbewegung wieder einen Schritt zurück, obwohl die Bewegungserkennung heute in fast jeder Steuerung integriert ist. Dennoch ist es immer noch möglich, mit diesen Controllern Schläge auszuführen und Schwerter zu bewegen, indem man entsprechende Bewegungen mit den Armen ausführt.

Abbildung 3.6: Nintendo 2DS XL

Während all dieser Entwicklungen, standen die Spieleunternehmen in einem intensiven Wettbewerb mit den Herstellern von PC-Spielen. Tatsächlich zeigten Berichte aus dem Jahr 2018, dass der Marktanteil der traditionellen Spiele-Hardwarehersteller und PC-Spielentwickler etwa gleich hoch war - mit einem leichten Vorteil für PC-Spielehersteller. Jedoch wird in den kommenden Jahren eine Wende erwartet (Abbildung 3.4).

Trotz Entwicklung sind die gebotenen Möglichkeiten im Bereich des spielerischen Lernens für Konsolen sehr begrenzt, insbesondere was die neuesten Konsolen betrifft. Tatsächlich gibt es die meisten Lernspiele für Nintendo-Konsolen, insbesondere für die Wii und den Nintendo DS – leider jeweils Auslaufmodelle. Für Eltern kann es daher sinnvoll sein, eine gebrauchte Wii oder Wii U inklusive Wii-Spielen zu kaufen, um eine sinnvolle Auswahl an Lernspielen für Kinder zu bekommen (siehe Kapitel 8).

Im Folgenden wird ein Überblick über die allgemeinen Merkmale und Funktionalitäten der verschiedenen Spieleplattformen gegeben.

Nintendo

Die Zielgruppe von Nintendo ist die jüngere Generation. Dies gilt insbesondere für die Handheld-Produkte der Nintendo DS-Serie. Nintendo selbst entwickelt verschiedene Spielserien, die sich seit Jahren großer Beliebtheit erfreuen. Dies sind in der Regel auch die beliebtesten Spiele für die Konsolen, obwohl andere Spieleentwickler auch sehr gute Titel veröffentlichen. Nintendo entwickelte einige der bekanntesten Spielserien wie Super Mario, Legend of Zelda und Pokémon. Berühmte Namen wie „Super Mario“ als "Jump and Run", „Mario Kart“ als "Autorennspiel" etc. sind hier zu nennen. Nintendo-Spiele sind speziell für jüngere Kinder konzipiert und auch in Punkto Menüführung auf sie zugeschnitten.

Abbildung 3.7: Nintendo Switch

Der Nintendo DS und die Nachfolger sind für jüngere Kinder (ab 6 Jahren) gedacht. Wii U, Nintendo Switch, etc. und einige Inhalte sind auch für Kinder ab 6 Jahren (einige Spielen sogar ab 12 und 16) konzipiert. Darüber hinaus ist die Handhabung der Konsolen (insbesondere die der Konsolenreihe DS) - Menüführung beim Spielwechsel, Speichern, Software-Update etc. - speziell für kleinere Kinder gut geeignet. Die Auswahl an Lernspielen ist für den Nintendo DS und für die Wii(U) von allen der stark verbreiteten Konsolen am Markt am größten. Möglichkeiten der elterlichen Kontrolle sind vorhanden.

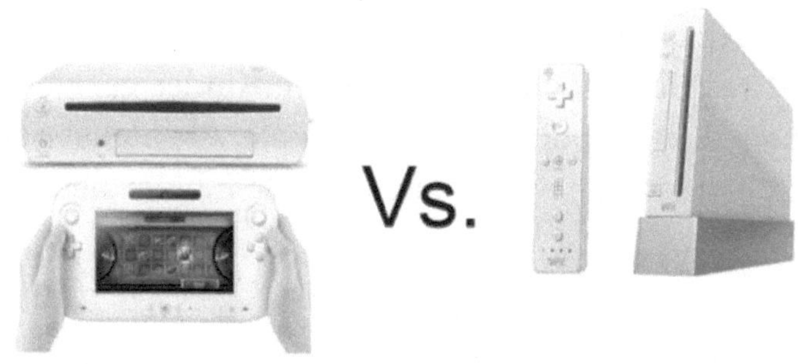

Abbildung 3.8: Nintendo Wii U und Nintendo Wii

PlayStation und Xbox

Die Spielkonsolen von Sony und Microsoft leben von Blockbuster-Spielen. Beide Konsolenanbieter konzentrieren sich auf ein breites Altersspektrum als Zielgruppe. Daher liegt der Fokus auf keinem besonderen Spielstil, weder im Genre noch in der Präsentation. Dies ist unter anderem auch in der Auswahl ersichtlich, die bei den PlayStation-Konsolengenerationen meist deutlich höher ist als bei den Spielgeräten von Nintendo oder der Xbox. Die Auswahl reicht von niedlichen Cartoon-Plattformspielen bis hin zu brutalen Kampfspielen. Sowohl PlayStation als auch Xbox sind für Spieler im Alter ab 12-14 Jahren und älter geeignet, basierend auf den generell verfügbaren Spielen für diese Konsolen.

Die Microsoft Xbox 360 und Sony PS3 bieten als ältere Konsolen eine große Auswahl an Spielen, die für Kinder interessant sind, wenngleich die Auswahl an Lernspielen hier stark begrenzt ist. Als zusätzlichen Vorteil wäre - wie bei der Nintendo Wii - anzuführen, dass man hier häufig günstige Geräte findet, da diese Konsolen bereits relativ lange auf dem Markt sind. An diesen kann das Kind erstmal üben, bevor man in teurere Alternativen investiert. Die Xbox 360 oder PS3 kann eine bessere Wahl sein als neuere, fortschrittlichere Geräte wie die Xbox One oder PS4, da sie für jüngere Kinder etwas mehr Auswahl bieten und gleichzeitig auch für Ältere unterhaltsam sind. Allerdings müssen man auch hier ein Auge darauf haben, welche Spiele für Das Kind geeignet sind, da es Titel gibt, die nicht für jüngere Kinder geeignet sind. Diese Spiele können durch Sportspiele oder coole Abenteuer- oder Arcade-Spiele ersetzt werden, die weniger ausgereifte Inhalte bieten.

Abbildung 3.9: Sony PlayStation 3

Wenn das Kind eine große Leidenschaft für Spiele zeigt, dann sind moderne Konsolen wie die Microsoft Xbox One S, Xbox One X, Sony PlayStation 4 und PlayStation 4 Pro zu empfehlen – immer mit der Prämisse, dass Lernspiele für diese Konsolen rar sind. Sony hat mit seinem PlayStation VR-Headset technisch aufgeholt und bietet ein intensiv fesselndes, virtuelles Spielerlebnis (mit leider sehr wenig Inhalt im Sinne des Lernens!). Xbox One S ist für Familien, die bereits viele Xbox-Spiele besitzen, die bessere Wahl, da darauf auch einige Xbox 360-Spiele ausgeführt werden können.

Die Auswahl für Xbox- und PlayStation-Varianten (z.B. 3, 4 und VR) für das Lernen ist derzeit begrenzt. Daher können sie nicht gerade als die besten Konsolen für Kinder angesehen werden, die Bildungsspiele nutzen wollen. Einige Beispiele für geeignete Lernspiele werden in Kapitel 8 beschrieben.

Seitdem sich frühe Hersteller wie *Mega Drive, DreamCast* und *SEGA* aus dem Rennen zurückgezogen haben, bilden *Nintendo, Microsoft* und *Sony* das Fundament der modernen Konsolen-Spielewelt. Eine einfachere Art, eine Wahl zwischen den verschiedenen Optionen zu treffen, wäre es, die Kinder einfach nach ihren Wünschen zu fragen. Hier muss man allerdings davon ausgehen, dass diese Wahl nicht immer die geeignetste ist.

Die Wahl der richtigen Konsole sollte sich in erster Linie nach dem Alter der Kinder und ihrem Spaß am Spielen richten. Mit Spielen wie Super Mario Party, Monster Hunter Generations Ultimate, Octopath Traveler oder Mario Tennis Aces sowie spannenden Aktivitätspaketen wie dem Labo Toy-Con Variety Kit behauptet Nintendo seine Position als beste Option für jüngere Kinder (Alter zwischen 5-10 Jahren). Spiele, die das mehr Lernen fokussieren, sind ebenso vorhanden. Mit dem Nunchuk oder anderen Eingabegeräten für Bewegungssteuerungen brauchen Kinder für viele Spiele vollen Körpereinsatz. Die Nintendo Switch funktioniert sowohl als stationäre Konsole, die an Ihren Fernseher angeschlossen wird, als auch als Spielegerät zum Herumtragen mit zwei integrierten Controllern und Touchscreen.

Lernspiele sind mit Ausnahme der Nintendo DS und Wii-Konsole für Konsolen kaum vorhanden, weswegen von anderen Spielekonsolen im Sinne dieses Buches abgeraten wird.

Abbildung 3.10: Microsoft Xbox 360

Vorteile und Gefahren der Verwendung moderner Geräte

Der Zuwachs technologischer Innovationen hat die Art und Weise, wie Menschen miteinander leben und interagieren, revolutioniert. Technologische Fortschritte haben den Computer, die drahtlose Kommunikation, die Telemedizin, die Raketenwissenschaft, Smartphones, selbstfahrende Autos und die künstliche Intelligenz, die noch vor wenigen Jahrzehnten kaum innerhalb unserer Vorstellungskraft lagen, zur Realität gemacht. Die Welt der Geräte für das spielerische Lernen sind mittlerweile zu einem großen Teil in das tägliche Leben von Erwachsenen und von Kindern integriert worden, auch wenn sie dafür weniger Verwendung finden.

Vorteile moderner spielbasierter Lerngeräte

Die Vorteile der modernen Geräte zum spielerischen Lernen sind vielfältig und nehmen eine wichtige Rolle im Leben – selbst bei Erwachsenen - ein. Da es kaum möglich ist, alle Vor- und Nachteile zu betrachten, sind in diesem Buch die wichtigsten Beispiele sinnvoller Nutzung und der drohenden Gefahren moderner „Gadgets" aufgeführt. Folgende positive Aspekte können vor allem genannt werden:

1. Spielbasiertes Lernen (engl. „Game-based learning") ist eine erprobte und bewährte Methode, um Kindern wesentliche Kenntnisse und Fähigkeiten zu vermitteln[11]. Spielbasiertes Lernen liegt gewissermaßen in der Natur des Menschen von klein auf und vermittelt Wissen und Fertigkeiten durch motivierendes Spiel.
2. Lernspiele, die Methoden des spielerischen Lernens nutzen, bieten Kindern eine andere Perspektive des Lernens, als die sie z.B. von der Schule gewohnt sind. So bietet die virtuelle Realität zum Beispiel Kindern die Möglichkeit, jederzeit an ganz verschiedenen Orten und Zeiten sein zu können, und Dinge zu sehen, die sonst schwer zugänglich sind.
3. Auch Kinder mit Behinderungen können von diesen Technologien profitieren. Die meisten Lernspiele lassen Raum für die Teilnahme aller Menschen, einschließlich von Kindern mit geistiger oder körperlicher Behinderung.

Gefahren durch moderne Geräte

Obwohl die Geräte der neuen Generation eine Reihe von Vorteilen und Einsatzmöglichkeiten bieten, haben sie auch negative Folgen zu verantworten, mit denen Eltern und Lehrer in früheren Zeiten noch nicht konfrontiert wurden:

1. Sie können süchtig machen.
2. Das Spielen von Smartphone-, PC- und Konsolenspielen erfordert kaum körperliche Anstrengung. So sind viele Kinder mittlerweile mit anderen „normalen" Aktivitäten, die mehr körperliche Betätigung benötigen, wie Basketball, Schwimmen oder Turnen, überfordert.

Es gibt viele offene Fragen zum Einfluss von Spielen auf geistige und körperliche Entwicklungen von Kindern, insbesondere in Zusammenhang mit Auffälligkeiten wie ADS/ADHS, Epilepsie etc.

1. Zu starke Nutzung von elektronischen Spielen kann sich negativ auf die kognitiven und emotionalen Fähigkeiten des Spielers auswirken[6].
2. Bei zu intensiver Benutzung kann die Strahlung, die von diesen technischen Geräten ausgeht, Gesundheitsrisiken mit sich bringen (obwohl auch dies in Forschungskreisen ein strittiges Thema ist).
3. Datenschutz- und Sicherheitsbedenken sind ein weiteres Thema, bei dem Gefahren lauern, die mehr und mehr zunehmen.

Die Forschungsfelder, die sich mit den Folgen der Mediennutzung befassen, sind vielfältig – vor allem Psychologie, Pädagogik, sonstige medizinische und technische aber auch sozial- und gesellschaftliche Forschungsschwerpunkte sind hier zu nennen. Je nach

Forschungsschwerpunkt gibt es unterschiedliche Perspektiven, Theorien und Ratschläge. Nach jahrzehntelanger Diskussion über das Thema Mediennutzung und Computerspiele, gibt es nach wie vor keine einheitlichen Schlussfolgerungen darüber, welche Inhalte auf welche Weise für welche Altersgruppen sinnvoll zugelassen werden sollten und welche nicht. Aus diesem Grund müssen Eltern und Lehrer selbst die Verantwortung übernehmen und entscheiden, was sie für Kinder für richtig halten.

Die Geburt des Internets

Das Internet in seiner heutigen Form entstand nicht mit dem Wunsch zu besseren Kommunikation aller Menschen oder zum Zwecke der Information oder Unterhaltung, sondern aufgrund militärischer Zielstellungen. Deshalb entwickelte das US Department of Defense Advanced Research Project Agency (ARPA) eine Methode, Informationen in kleinere Teile oder Pakete zu unterteilen und zwischen Computern zu übertragen. Wissenschaft und Militär nutzten die entstandene Idee zur Erfindung des „Internets“. Es entstand in den 1980ern, als der Brite Sir Tim Berners-Lee das Design des World Wide Web und des Uniform Resources Locator (URL) entwickelte, mit dem man auf Ressourcen im Internet zugreifen konnte.

Anfang der 90er Jahre wurde die Einschränkung, bezüglich der Nutzung des Internets aufgehoben und die Kommerzialisierung begann. Die ersten Homepages entstanden, beispielsweise in Form von Zeitungsverlagen, die ihre Inhalte den Nutzern kostenlos zur Verfügung stellten. Heute sind alle „online“ - Radio und Fernsehen – Presse, Medien, Bücher -, und die Leistungsfähigkeit des Internets hat sich vervielfältigt.

Technisch gesehen, ist das Internet ein Netzwerk von Netzwerken. Jedes Netzwerk im Internet verbindet Computer, die wiederum in Netzwerke eingebunden sind, und die Summe dieser Netzwerke ist das

Internet. Es sollte bedacht werden, dass das Internet nicht nur das World Wide Web (daher die Abkürzung WWW) ist. Vielmehr besteht das Internet aus mehreren Anwendungen und damit etablierten Standards. E-Mail(ing) ist beispielsweise eine separate Internetanwendung, die über das Internet realisiert wird. Gleiches gilt für das Herunterladen und Hochladen von Dateien im Internet über Standardprotokolle.

Abbildung 4.1: Seit Juni 2018 haben **55,1% der** Weltbevölkerung einen Internetzugang – Wikipedia

Die meisten Internetanwendungen werden über den Web-Browser (Google Chrome, Mozilla Firefox, Microsoft Internet Explorer, Edge, Apple Safari etc.) genutzt. Man benötigt jedoch nicht immer einen Web-Browser, um Dienste über das Internet nutzen zu können. Der Austausch von Daten, z.B. für Emails, Chat-Kommunikation, Übertragungen von Daten bei Spielen usw., wird über andere Programme realisiert, die die jeweiligen Geräte ausführen. Sie ermöglichen es auch, dass mehrere Nutzer an verschiedenen Orten der Welt mit- oder gegeneinander spielen können.

Online-Spiele sind keine eigenständige Art von Videospielen. Jedes Spiel – gleichgültig, auf welcher Plattform es ausgeführt wird – kann ein Online-Spiel sein, sobald Spielerdaten übertragen werden bzw. andere Spieler über das Internet mit von der Party sind. Es ist ein Trend heutiger

Spiele, dass viele Spiele eine Internetverbindung als Standard-Voraussetzung mit sich bringen – einerseits, um stetig Updates erhalten zu können, andererseits um kollaborative Spielfunktionen nutzen können.

Das Gute, das Schlechte und das Hässliche

Die verschiedenen Medien, in denen Spiele online gespielt werden können, ermöglichen den Konsum von Multimedia-Inhalten. Spieleplattformen beinhalten auch Chat-Funktionen, die es Spielern ermöglichen, Ideen auszutauschen und Kontakte zu knüpfen. In Bezug auf Kinder wird es daher notwendig, dass ein Elternteil die Beteiligung der Kinder an Online-Spielen und Online-Kollaboration überwacht, da deren Verwendung nicht immer nur zum Guten, sondern auch zum Schlechten bzw. gar zum „Hässlichen" verwendet werden kann. Im nächsten Abschnitt dieses Kapitels werden die möglichen Konsequenzen näher erläutert.

- **Das Gute**

"Gut" in diesem Abschnitt des Kapitels, meint das, was fair ist und Vorteile bringt, anstatt zu schaden. Das Gute ist vielfältig. Gerade beim Bereich Online-Kollaboration und Online-Spiele gibt es für Teilnehmer jeden Alters mit oder ohne körperliche oder geistige Einschränkung viele Vorteile:

Bildung

Das Internet im Allgemeinen und das Online-Spiele im Besonderen bieten ein enormes Potential zum Lernen. Seitdem das Internet in den 90er Jahren der Öffentlichkeit zugänglich wurde, hat seine Verbreitung und Kommerzialisierung zu Verbesserungen sowohl in Bezug auf Design als auch auf Nutzungsmöglichkeiten geführt. Daher ist es nicht verwunderlich, dass es Millionen von Web-Ressourcen gibt, die für Forschung und Lehre genutzt werden können. Dies beginnt bei der reinen Wissenssammlung wie traditionelle Enzyklopädien - die Enzyklopädie Britannica – ist hier ein Beispiel – und geht bis hin zu Informationen aufbereitet auf vielfältigste Art und Weise. Eine wichtiges Beispiel, bei dem Informationen zu jedem Thema leicht zugänglich gemacht wird, ist Wikipedia, eine kostenlose Online-Enzyklopädie. Zu fast jedem erdenklichen Thema gibt es einen Wikipedia-Eintrag. Die größte Herausforderung dieser Enzyklopädie besteht darin, die Genauigkeit der bereitgestellten Informationen zu gewährleisten. Dies macht Wikipedia als Quelle für akademische Arbeiten weniger attraktiv, aber zu einem Startpunkt jeder Recherche. Weitere Beispiele für Informationen in anderen Formaten ist des steigenden Marktanteil von Streaming-Inhalten. Von gestreamten Dokumentationen, Filmen und Fernsehsendungen bis hin zu selbst erstellten Filmen auf Plattformen wie YouTube sind die Auswahlmöglichkeiten der Inhalte sehr groß. Selbiges gilt für News-Meldungen von Facebook/Twitter/Instagram usw., Weblogs, Podcasts, Newsletter, RSS-Feeds und vielen weiteren Formaten. Eltern müssen wohlüberlegte Entscheidungen bezüglich der Inhalte treffen, die die Kinder konsumieren, da Altersempfehlungen in der Regel nicht bei allen Angeboten zu finden sind.

Teamarbeit

Eines der vielen Dinge, die das Internet ermöglicht hat, ist die Teamarbeit über weitere Entfernungen. Tatsächlich ist Teamarbeit der eigentliche Grund, warum das Internet und das Web überhaupt erfunden wurden. Die Notwendigkeit, die Zusammenarbeit sowie den Wissens- und Informationsaustausch in der militärischen und wissenschaftlichen Gemeinschaft zu erleichtern, war der Grund für die

Entwicklung des ARPANET. Heute arbeiten Menschen in verschiedenen Teilen der Welt zusammen an verschiedenen Projekten und Aufgaben. Die Interaktionskanäle haben sich weiterentwickelt von der einfachen Textnachricht bis hin zur Video- und Telefonkonferenz – interaktiven Kanban-Boards, Voice-Chats, Ticket-Systemen und Whiteboard-Funktionen.

Teamarbeit wird auch in Online-Spielen großgeschrieben, insbesondere bei Spielen, bei denen jeweils mehr als ein Spieler antritt. Die Teilnehmer sind in der Lage, sich zu treffen und ein gemeinsames Ziel zu erreichen, um das Spiel zu gewinnen. Dabei entwickeln und realisieren sie Strategien zum Erreichen ihres gemeinsamen Ziels. Die Disziplin, die bei der gemeinsamen Arbeit mit anderen, bei der Anerkennung von Autoritäten und der Einhaltung eines Plans wichtig ist, trägt wesentlich dazu bei, dass das Kind diese Fähigkeiten auch für ähnliche Herausforderungen in der physischen Welt entwickelt.

Sozialisierung

Facebook ist wahrscheinlich die erste Plattform, die einem in den Sinn kommt, wenn es um das Thema Soziale Medien (engl. Social Media) geht. Doch diese sehr beliebte Plattform, die ihren Gründer zum jüngsten Milliardär der Welt gemacht hat, entstand erst 2004, mehr als ein Jahrzehnt nachdem das Internet an die Öffentlichkeit ging. Yahoo und MySpace waren bei den Internetnutzern seinerzeit sehr beliebt, bis Facebook auf die Bühne kam und das Gesicht der sozialen Netzwerke weiter veränderte. Social Media ist vielfältig - von Angeboten wie Facebook, Twitter, Internetforen usw. bis hin zu professionellen Networking-Netzwerken wie LinkedIn und Xing, für viele Bereiche ist etwas dabei. Diese Plattformen haben ein ähnliches Design und ähnliche Funktionen. Dazu gehören die Austauschmöglichkeit von Textinformationen sowie die von Multimedia-Dateien wie Fotos, Audios und Videos. Außerdem ist das „Chatten“ mit Instant Messaging eine beliebte Form des Austausches. Diese letzte Funktion ist der Hauptzweck von Programmen wie WhatsApp, BlackBerry Messenger, Telegram, Facebook Messenger, iMessage, Signal, Threema etc.

Die meisten Online-Spieleplattformen haben auch eine Chat-Funktion integriert (sowie eine Voice-Chat-Funktion) und ermöglichen es den Teilnehmern, während der Spiele miteinander zu interagieren. Auf diese Weise werden Menschen unterschiedlicher Herkunft, Rasse und Glaubensrichtung durch eine gemeinsame Sache vereint: Spielen und Spaß zusammen haben. Man kann sich zu weiteren Zwecken austauschen, und es können Beziehungen entstehen, die über das Spielen hinausgehen und ein Leben lang andauern.

Unterhaltung

Im Internet kann man viel Unterhaltung genießen. Mit Videoplattformen wie YouTube und anderen Social-Media-Plattformen wie Facebook, Instagram, Pinterest, Twitter usw. haben Benutzer uneingeschränkten Zugriff auf Ressourcen zum Austausch von Informationen. Daher ist es nicht verwunderlich, dass Videos und Memes (ein Begriff für Bilder mit Bildunterschriften) und lustige Inhalte aller Art so alltäglich geworden sind, dass die Kanäle, über die sie angeboten werden, Tausende von Followern oder Abonnenten haben (und damit auch Geld verdient wird). Ebenso werden Video- und Audioinformationen, z.B. in Form von Podcasts weitergegeben, und andere Benutzer können „Feeds" abonnieren, um immer die neuesten Beiträge verfolgen zu können.

Online-Spiele ist nur eine Art von vielen, um online „Spaß zu haben" und kann auch dazu dienen, zu lernen, wenn die Spiele sinnvolle Lernfunktionen besitzen. Eltern können die Kinder mit Hilfe sinnvollen Angebote beschäftigen, und die Online-Funktionen nutzen, um einen gesunden Wettbewerb zwischen den Kindern entwickeln zu lassen. Mit einem Smartphone und fast jeder Plattform, wie z.B. Telegram, können

Eltern beispielsweise die Kinder mit Quiz-Bots beschäftigen und optional eine Belohnung für gute Leistung hinzufügen.

Sonstige Möglichkeiten

Heutzutage ist es nichts ungewöhnliches, in Online-Shops Waren und Dienstleistungen zu bestellen und sie in kürzester Zeit online und offline geliefert zu bekommen. Aber die im Internet verfügbaren Möglichkeiten gehen über die rein kommerziellen hinaus.

Einigen Plattformen werde von Arbeitgebern genutzt, um nach den richtigen Mitarbeitern zu suchen. Gemeinschaften organisieren Wettbewerbe für Menschen verschiedenen Alters und Fachgebiets, in der Hoffnung, Talente zu finden und Wege zum Ruhm zu schaffen. Solche Wettbewerbe können sich auf Spiele, Schriftstellerei, Kunsthandwerk, Wissenschaft, Technologie und andere Themen beziehen. Unter angemessener Leitung können Eltern die Kinder dazu bringen, an solchen Themen weltweit teilzunehmen und Beiträge zu leisten. Auf diese Weise können Kinder Stipendien erhalten und sich beruflich vorbereiten.

- **Das Schlechte**

So gut alles, was bisher über das Internet und Online-Spiele gesagt wurde, es gibt auch die Kehrseite. Der Abschnitt ist in zwei Teile aufgeteilt, um deutlich zu machen, dass es hier auch Abstufungen gibt: das Schlechte und das Hässliche. Zunächst wird das Schlechte aufgeführt.

Internet-Mobbing

Mobbing ist in jeder Schule, insbesondere in Grundschulen und

Gymnasien, weit verbreitet. Tatsächlich sind die Opfer von Online-Mobbing nicht nur Kinder oder Jugendliche, sondern auch Erwachsene. Mobbing findet auf jeder Plattform statt, auf der Menschen miteinander interagieren.

Da Online-Spiele über Foren und Chat-Funktionen verfügen, bieten auch diese Möglichkeiten zum Mobbing. Teilnehmer nutzen zwar in der Regel anonyme Namen für ihre Online-Aktivitäten (bzw. sollten nutzen), aber es ist nicht ungewöhnlich, dass die wahre Identität auf anderen Plattformen, in denen dann reale Namen verwendet werden, deutlich werden. Dadurch wird der Deckmantel entfernt und das Opfer von „Cyber-Bullying" wird für alle sichtbar.

Ablenkung

Ablenkung kann aus vielen Gründen ein negativer Effekt von Online-Spielen sein. In Anbetracht der Tatsache, dass sich die Teilnehmer in verschiedenen Teilen der Welt und damit in verschiedenen Zeitzonen befinden, kann Jill online sein, wenn Jack schlafen oder wenn Anne sich mit ihren Hausaufgaben beschäftigen soll. Dank Push-Benachrichtigungen erhalten Teilnehmer, die nicht online sind, Updates über die Aktivitäten derjenigen, die online sind. Das Problem liegt also darin, dass solche Benachrichtigungen oft zum falschen Zeitpunkt eintreffen und den Teilnehmer, der offline ist, von wichtigeren Angelegenheiten im realen Leben ablenkt. Dies gilt natürlich auch für das normale Chatten via Handy ohne Spielebezug.

Ungeeignete Inhalte

Bestimmte Online-Ressourcen im Internet enthalten für Kinder ungeeignete Inhalte. Dies betrifft vor allem das Thema Gewalt und sexuelle Inhalte. Game Designer sind immer darauf bedacht, dass Spiele eine Nachbildung der Dinge in der realen Welt sind, so dass einige der

Inhalte für bestimmte Altersgruppen als ungeeignet angesehen werden müssen. Das Internet selbst bietet jedoch Möglichkeiten für Kinder, Zugang zu Inhalten für Erwachsene zu erhalten. Alles, was dazu nötig ist, ist eine Internetsuche oder jemanden zu fragen, der sich damit auskennt.

Falsche Informationen

Seit der Explosion verfügbarer Informationen durch das Internets in den 90er Jahren ist ein Problem größer worden: Das Auftreten falscher Informationen oder "gefälschter Nachrichten" („fake news"). Leistungsstarke Suchmaschinen wie Google liefern den Nutzern Informationen, die für die Suchbegriffe am relevantesten sind, ungeachtet ihrer Korrektheit. Dem Nutzer obliegt es daher, selbst zu ermitteln, ob die gelieferten Informationen wahr oder falsch sind. Obwohl dies für erfahrene Benutzer und Erwachsene meist relativ einfach ist, haben Kinder dafür noch kein Verständnis. Plattformen, auf denen falsche Informationen besonders leicht gefunden werden können, sind Social-Media-Kanäle und Weblogs („Blogs") und Foren. Viele "Internetjournalisten" haben es sich auch zur Aufgabe gemacht, gefälschte Nachrichteninhalte im Web hervorzurufen und zu erstellen, um Web-Traffic und Klicks anzuziehen, was wiederum Einnahmen für Werbung einbringt.

Datenmengen und Einkäufe

Da Spiele heute mehr und mehr Daten beinhalten, ist die Datenmenge explodiert, die für Spiele übertragen werden muss. Insbesondere für mobile Spiele auf dem Smartphone, die keine Daten-Flatrate besitzen, können hierbei Kosten entstehen, die im Auge behalten werden müssen.

Ein weiterer Kostenfaktor kann das Thema Käufe virtueller Güter sein. Viele Spielehersteller leben heute vom Einkauf zusätzlicher Inhalte innerhalb des Spiels („In-App-Purchase"), da die Spiele selbst oft kostenlos zur Verfügung gestellt werden. Es liegt nahe, dass insbesondere Kinder gerne auf solche beworbenen Inhalte reagieren und für virtuelle Güter echtes Geld bezahlen.

- **Das Hässliche**

Nachdem über die schlechte Seite des Internets gesprochen wurde, werden nun die hässlichen Seiten aufgeführt.

Pornografie

Pornografische Internetangebote sind einer der meistbesuchten Orte im Internet. Es gibt buchstäblich Millionen von ihnen und täglich tauchen Neue auf. Web-Browser ermöglichen es den Benutzern diese Websites einfach zu besuchen, ohne eine Spur zu hinterlassen. Die Möglichkeit, dass Kinder auf pornografische Inhalte zugreifen können, entsteht weniger, wenn das Spiel über Desktop-Anwendungen oder Spiele-Gadgets gespielt wird, sondern wenn der Inhalt über den Web-Browser genutzt wird, bei denen keine elterlichen Einschränkungen bezüglich der Websites bestehenden, auf die das Kind zugreifen kann.

Terrorismus

Während es Möglichkeiten gibt, online Geld zu verdienen, Ruhm zu erlangen, zum Frieden und zur Entwicklung der Menschheit beizutragen, gibt es andererseits auch die Möglichkeit, Menschen zu terrorisieren, indem man computergestützte Informationssysteme zerstört, um anderen Schaden zuzufügen oder Angst zu schüren. Derlei Terrorakte werden als Cyber-Terrorismus bezeichnet.

Außerdem bleibt zu bedenken, dass Terrorismus auf Ideologien basiert und Ideologien Menschen brauchen, um weiter zu wachsen. Somit müssen terroristische Organisationen notwendigerweise neue Mitglieder gewinnen. Da das Internet Anonymität, Sicherheit und Privatsphäre bietet, ist es das beste Werkzeug für Terroristen, um zu rekrutieren. Solche Rekrutierungsversuche werden heimlich online durchgeführt.

DIE MEHRHEIT (87%) DER JUGENDLICHEN, DIE NACH SEXUELLEN INHALTEN SUCHEN, SIND 14 UND ÄLTER![9]

Internet-Betrug

Internetbetrug ist eine weitere hässliche Seite des Internets, die alltäglich geworden ist. Viele Menschen haben dabei erhebliche Geldbeträge verloren. Auf jeder Plattform im Internet kann sich ein potentieller Betrüger herumtreiben. Sie befinden sich in Foren, Chatgruppen, Facebook-Gruppen, LinkedIn-Verbindungen, in der Gaming-Community etc. Da ein Erwachsener die Unerfahrenheit von Kindern ausnutzen kann, können Kinder, die Online-Spiele oder Social Media nutzen, von solchen Betrügern überredet werden, persönliche Daten ihrer Eltern preiszugeben, z.B. Kreditkarteninformationen. Dabei können z.B. der Verkauf von Cheats, die für die Freischaltung höherer Stufen eines Spiels praktisch sind, als Köder dienen. In diesem Fall werden Eltern und das Kind „nur“ Opfer des Betrugs. Es kann allerdings auch passieren, dass Plattformen dazu benutzt werden, das Kind dazu zu überreden, selbst zum Betrüger zu werden oder Beihilfe zu einem solchen Verbrechen zu leisten.

Andere Arten von Cyberkriminalität

Es gibt auch noch andere Arten von Cyberkriminalität. Eine davon ist das illegale Herunterladen von Medieninhalten aus dem Internet. Fast jedes digitale Produkt, das online verkauft wird, kann über andere Plattformen kostenlos bezogen werden. Ideen, wie und wo man solche Dateien herunterladen kann, werden auf verschiedenen Online-Plattformen wie privaten Chat-Gruppen, Foren, Blogs, privaten Chats usw. ausgetauscht und sind in den meisten Fällen nicht legal.

Internetbasiertes Spielen: Vor- und Nachteile

Eine der entscheidenden Rollen des Internets liegt in der sozialen Vernetzung der Menschen, zum Zweck des Informationsaustauschs. Diese Netzwerkfunktion wurde in die Spielewelt eingeführt, wo Mitspieler über eine Internetverbindung miteinander interagieren können. Spiele, die diese inhärente Eigenschaft haben, werden als Online-Spiele bezeichnet und sind in der Regel teilweise oder vollständig von einer Internetverbindung abhängig. Online-Spiele sind im Laufe der Jahre über alle Spieleplattformen hinweg entwickelt geworden, angefangen bei Computern bis hin zu Spielkonsolen, Handys und Handhelds. Das Design von Online-Spielen kann von einfachen textbasierten Umgebungen bis hin zur Einbindung komplexer Grafiken und virtueller Welten reichen. Die Existenz von Online-Komponenten innerhalb eines Spiels kann von kleinen Features wie einer Online-Ranglisten bis zum Kern des gesamten Spiels reichen (z.B. MMORPG - Massively multiplayer online role-playing games). Viele Online-Spiele bilden ihre eigenen Online-Communities, während andere Spiele, insbesondere „Social Games", die bestehenden Communities der Spieler in die virtuelle Welt integrieren.

Online-Spiele bieten viele Vorteile, einschließlich Unterstützung der kognitiven Entwicklung, Stressreduzierung und Unterhaltung. Sie fördern auch die Kommunikationsfähigkeit und Teamarbeit durch ihre inhärenten sozialen Aspekte. Wenn Menschen bei Online-Spielen zusammenarbeiten, hilft ihnen das, ein Spiel zu gewinnen. Diese Schulung der Teamfähigkeit bringt ihnen auch Vorteile im Alltag, im

Schul- und im Arbeitsleben. Besonders Introvertierten wird durch das Medium Internet die Kommunikation erleichtert, da sie sich hier im Umgang mit anderen Menschen häufig sicherer fühlen. Sie können sich auf diese Weise mit zwischenmenschlichen Interaktionen besser vertraut machen. Da die meisten Online-Spiele jedoch eine Chat-Funktion im Spiel unterstützen, ist es auch nicht ungewöhnlich, dass böse Worte, sexuelle Belästigung und Cybermobbing auftreten. Eltern müssen ihren Kindern erklären, welchen Risiken sie ausgesetzt sein können und wie sie sich zu verhalten haben. Hier sind klare Regeln gefordert (mehr dazu in den nächsten Kapiteln)!

2018 WURDE FORTNITE DAS AM MEISTEN GENUTZTE FREE-TO-PLAY SPIEL MIT ÜBER 125 MILLION EN SPIELERN WELTWEIT.

Da die meisten Online-Spiele von den Spielern verlangen, dass sie zu Beginn ein "Konto" einrichten, sollten Eltern den Kindern raten, beim Ausfüllen von Teilen, die ihren Namen erfordern, immer Decknamen zu verwenden. Diese falschen Namen sollten nicht vom echten Namen des Kindes abgeleitet sein oder Informationen darüber geben. Außerdem sollten auf verschiedenen Spielplattformen auch verschiedene Namen (sowie auch Passwörter) benutzt werden. Ein weiteres Thema, das Anlass zur Sorge gibt, sind die Bedrohungen durch Hacker. Hacker sind unter Umständen in der Lage, auf bestimmte Teile von Computern und anderen Internetzugangsgeräten, wie z.B. Webcams, zuzugreifen und diese zu kontrollieren. Dieses Material kann verwendet werden, um Eltern und Kinder einzuschüchtern oder zu erpressen. Um dieses Risiko einzudämmen, sollten Eltern darauf achten, dass Geräte regelmäßig auf Viren und Malware gescannt werden, Updates erhalten, sowie Webcam und Mikrofone möglichst ausgeschaltet sind. Eine neue Bedrohung stellt der Einsatz von "Sprachchats" (voice-chat) dar. In Spielen wie *Fortnite* können sich Spieler auf der ganzen Welt in Teams versammeln und über Mikrofone frei sprechen. Diese Sprachchat-Funktionalität ist nicht neu und wurde in der Vergangenheit in Spielen für eine ältere Zielgruppe eingesetzt. Es ist wichtig, dass jüngere Kinder informiert werden, keine privaten Informationen an Fremde über Sprachchats weiterzugeben. Darüber hinaus sollte sichergestellt werden, dass Eltern derjenigen sind, die alle Downloads sowie die Käufe mit echter Währung genehmigen.

STAND DER FORSCHUNG - WAS DIE WISSENSCHAFT SAGT_

DIESES KAPITEL GIBT eine Übersicht über Ergebnisse wissenschaftlicher Studien, die im Bereich des spielerischen Lernens für Kinder durchgeführt wurden.

Im Jahr 2003 veröffentlichte James Paul Gee[10] einen Forschungsartikel mit dem Titel "What Video Games Have to Teach Us about Learning and Literacy", in dem beschrieben wurde, wie Spiele dazu beitragen können, einen Lernansatz für Kinder zu bieten. In den folgenden zehn Jahren wurde James' Werk mehr als 5.000 Mal zitiert. Es gibt drei Ansätze spielerisches Lernen wissenschaftlich zu verstehen.

Der erste Ansatz betrachtet das Thema als eine Form des Lernens, bei dem Schüler durch das Spielen dazu geführt werden, ihre intellektuellen Fähigkeiten weiterzuentwickeln. Diese Denkschule ist der Ansicht, dass die Einführung von Spielen den Lernprozess unterstützen kann, und dies auf einfache und effiziente Weise. Sie will klarstellen, dass Videospiele den Schülern tatsächlich Hilfe bieten. Schüler beeinflussen ihr Gehirn durch das Spielen positiv, um beim traditionellen formalen Lernen besser zu werden.

Der zweite Ansatz sieht das spielerische Lernen als einen Lernansatz, der auch die in das Feld der Pädagogik einbogen werden sollte. Der Ansatz hierbei ist, Spiele ins Zentrum von Lernaktivitäten zu stellen, so dass das Lernen für die Teilnehmer interessanter und nachvollziehbarer wird. Unter der Anleitung eines Lehrers können die Schüler auf diese

Weise Spiele nutzen, um die Themen besser zu verstehen. Im Wesentlichen wird gefordert, dass Spiele als Mittel zur besseren Erklärung in die formale Bildung integriert werden.

Der dritte Ansatz betrachtet das spielerische Lernen als eine pädagogische Innovation, die von Spiele-Design-Prinzipien geprägt ist. Hierbei werden Konzepte wie Rollenspiele und ein Abschluss- und Belohnungssystem als wesentlich für den Akt des Lernens beim Spielen bezeichnet. Squire, (2004) [11] stellte z.B. fest, dass die Teilnehmer neue Fertigkeiten zur Problemlösung im wirklichen Leben erwerben können, wenn sie komplexe Problemlösungsspiele spielen. Kinder und Erwachsene, die unterbewusst mit Spielen konfrontiert sind, können daher Fähigkeiten, die sie auf Spielsituationen anwenden, in die echte Welt übernehmen.

Im Mai 2012 veröffentlichte „SRI International and Glass Lab“, das Ergebnis von zwei Meta-Analysen zu Simulationen und spielerischem Lernen. Im Bericht mit dem Titel "Digital Games for Learning" zeigte, dass digitale Spiele im Vergleich zu anderen Unterrichtsbedingungen signifikante positive Auswirkungen auf die Ergebnisse von Wissenschaft, Mathematik und Alphabetisierung zeigen können. Das Design der Spiele nimmt hierbei einen wichtigen Aspekt auf die erreichten Erfolg beim Lernen ein.

Wie von Siegler und Ramani (2008)[12] dargestellt, ist es auch durchaus möglich, dass ein Mangel an Fähigkeiten im Umgang mit Zahlen bei Kindern aus einkommensschwachen Haushalten auf ihre begrenzten Möglichkeiten zurückzuführen ist, in ihrer Kindheit Zahlenspiele zu spielen. Diese Spiele – elektronisch oder nicht – sind wichtig für Kinder. Elektronische Spiele bieten eine Alternative und letztlich eine spannendere Möglichkeit, mathematische Zusammenhänge zu erlernen.

Liu und Chen, (2013)[13] zeigten, dass Kartenspiele dazu beitragen können, die faktischen Fähigkeiten zum Erwerb von Wissen zu verbessern und ein echtes Interesse am Lernen bei den Schülern zu wecken. Ihre Studie verwendete ein Kartenspiel namens "Conveyance-Go", um zu zeigen, dass Schüler Informationen schneller aufnehmen, wenn ein Element des Spiels mit dem Lernprozess gekoppelt ist. Am Ende ihrer Studie zeigten die Probanden ein schnelleres Verständnis von Transport- und Energiesystemen als bei einem eher konventionellen Ansatz. Die Ergebnisse des Vor- und Nachtests zeigten, dass das Spiel den Wissensstand der Studienteilnehmer deutlich erhöht hat.

Laut Aussagen von Professor Christian Montag, Leiter der Abteilung Molekulare Psychologie an der Universität Ulm sind „[...] die Technologien und ihre extreme Verbreitung [] noch relativ neu. Es fehlt uns an Langzeitstudien, um klare wissenschaftlich belastbare Aussagen zu treffen. Wir können deshalb noch nicht eindeutig sagen, welche Wirkungen die verstärkte Nutzung digitaler Medien auf Kinder hat".

Das Institut für Medizinökonomie und Medizinische Versorgungsforschung der RFH Köln (iMöV) und der Berufsverband der Kinder- und Jugendärzte (BVKJ) fassen derzeit im Projekt „BLIKK-Medien – Bewältigung, Lernverhalten, Intelligenz und Kommunikation – Kinder und Jugendliche im Umgang mit elektronischen Medien" erste Ergebnisse von Studien zusammen. Bisher wurde gezeigt, dass man Kindern die Mediennutzung nicht verbieten sollte, da sie sonst nicht lernen, damit umzugehen. Zudem müssen sich Eltern laut Studie befähigen, Ihren Kindern sinnvollen Umgang mit Medien beizubringen. Sprachstörungen, Lese- und Rechtschreibschwäche sowie weitere körperlicher Fitness stehen in Zusammenhang mit der Mediennutzung [52].

Digitale Spiele sind eine effektive Möglichkeit, Stress abzubauen und sich von den anstrengenden Aktivitäten des Alltags zu erholen. Zu diesem Ergebnis kommen Studien[14][15][16][16], die nachgewiesen haben, dass Videospiele für den menschlichen Geist, und insbesondere für den eines Kindes, welches wächst und sich entwickelt, von Vorteil sein kann. Es gibt aber allerdings ebenso Studien[17][18], die auf die negativen Auswirkungen hinweisen, die durch übermäßigen Gebrauch von

Videospielen entstehen[47][48].

Spielbasierten Lernen gewinnt in jüngster Zeit wieder mehr das Interesse der Öffentlichkeit. Die Studienlage – insbesondere zu Lernspielen - ist jedoch nach wie vor dürftig. Einige Ergbnisse zeigen, ein großes Potenzial, die Vermittlung von Informationen an Schüler auf effizientere Weise zu unterstützen. Auch die Gefahren werden diskutiert, obgleich ein wissenschaftlicher Konsens zwischen positiver und negativer Konsequenzen aufgrund der Komplexität des Themas schwer zu ermitteln ist [47] [48] [49].

Das Konzept des Game-Based Learning

Die Idee, Kinder mit Hilfe von Spielen in den Prozess des aktiven Lernens einzubeziehen, ist nicht neu. In den letzten Jahren haben Pädagogen zunehmend verschiedene Spiele in ihren Lehrplan aufgenommen, um eine unterhaltsame und ansprechende Lernumgebung für die Schüler zu schaffen. Obwohl dies sehr anspruchsvoll und zeitaufwändig sein kann, neigen interaktive, kollaborative und wettbewerbsorientierte Spiele dazu, die Teilnahme der Schüler am Lernprozess zu motivieren und zu fördern. In seiner Forschung erklärt Marzano[19], dass von den 60 Studien, an denen er beteiligt war und in denen die Auswirkungen von Spielen auf die Leistung der Schüler untersucht wurde, "die Verwendung von akademischen Spielen im Klassenzimmer mit einem Gewinn von 20 Prozentpunkten an Leistung der Schüler verbunden ist".

Es gibt viele Erklärungen dafür, was ein gutes "Lernspiel" heutzutage ausmacht. Während einige Spiele den Wettbewerb fördern, können Andere die Schüler dazu motivieren, als Klasse zusammenzuarbeiten, um ein gemeinsames Problem zu lösen, sodass niemand "gewinnt" oder "verliert". Lernspiele werden grob in zwei Hauptkategorien eingeteilt: medienbasierte und nicht-medienbasierte Spiele. Medienbasierte Lernspiele sind solche, die für elektronische Geräte wie Mobiltelefone,

Laptops, Spielkonsolen und Tablets entwickelt und im Wesentlichen auf diesen Geräten ausgeführt werden. Nichtmediale Lernspiele hingegen sind Spiele wie Brett- und interaktive Klassenzimmerspiele, die mit Bildungsinformationen angereichert werden können, um den Spielern Wissen zu vermitteln. Unabhängig von der Kategorie der Spiele hat sich gezeigt, dass spielerisches Lernen[20] zum Teil tiefgreifende Auswirkungen auf die kognitiven und problemlösenden Fähigkeiten von Kindern hat.

Im technologischen Kontext gibt es viele computerbasierte Spiele, die aktive Lernmöglichkeiten bieten und die im Klassenzimmer erlernten Themen zu vertiefen. Hier ist allerdings zu beachten, dass den meisten dieser Spielen der nötige moderne Ansatz technologischer Möglichkeiten fehlt, so dass sie weder größere Bekanntheit erreichen noch sonderlich gern von Kindern gespielt werden. Im Allgemeinen verbessern Spiele, die in Teams gespielt werden[21], die akademischen Leistungen.

TEIL ZWEI: ANLEITUNG FÜR ELTERN UND LEHRER_

WARUM ELTERN UND LEHRER DAS SPIELEN FÖRDERN SOLLTEN_

IN DIESEM KAPITEL werden Gründe erläutert, warum man als Elternteil sein Kind ermutigen sollte, Lernspiele zu nutzen und dabei die kollaborativen Funktionen zu nutzen. Dieses Kapitel behandelt die Bedeutung von Spielen für das Wachstum und die Entwicklung eines Kindes. Der besseren Übersicht wegen wurden die Gründe in drei Hauptgruppen eingeteilt: soziale, mental und kognitive sowie intellektuelle Gründe.

Soziale Gründe

Kommunikation ist ein wichtiges Merkmal menschlicher Gesellschaften; sie ist die Grundlage unserer Organisation in der Gesellschaft. Durch Kommunikation werden Ideen ausgetauscht, Meinungen abgewogen und entweder befürwortet oder abgelehnt. Die sozialen Gründe, warum Eltern die Teilnahme Ihres Kindes am Online-Spielen fördern sollten, beziehen sich auf die Interaktionen des Kindes mit Anderen und sein dadurch vermitteltes Dasein als Mitglied der Gesellschaft. Es ist die Bedeutung der sozialen Interaktionen, die zur Entwicklung von sozialen Medien geführt hat, die es heute Menschen unterschiedlichster Herkunft ermöglicht, zusammenzukommen und zu interagieren, zu vergleichen und sogar Verbindungen einzugehen, die ihre geographischen und nationalen Grenzen überschreiten.

- **Verbesserung der sozialen Interaktion**

Einer der Vorteile von Online-Spielen ist, dass es die soziale Interaktion verbessert. Beim Spielen von Online-Spielen interagieren mindestens zwei Personen miteinander, die ein gemeinsames Interesse haben. Die Erkenntnis, dass man das gleiche Spiel mit mehreren Personen spielt, kann der Beginn von Freundschaften sein.

- **Verbindungen und Netzwerke**

Ein Punkt, der eng mit dem Ersten verbunden ist, ist die Möglichkeit, Verbindungen herzustellen und ein Netzwerk aufzubauen. Es sollte nicht überraschen, dass das Kind beim Online-Spielen neue Freunde und Bekannte finden kann. Es kann sogar über persönliche Beziehungen hinausgehen und in geschäftliche Beziehungen übergehen. Zum Beispiel können sich Menschen, die Interesse an einem gemeinsamen Spiel haben, entscheiden, sich zusammenzuschließen und ihr eigenes Firmen zu gründen, um ähnliche Spiele zu entwerfen oder Projekte umzusetzen. Tatsächlich sind auf diese Weise schon Unternehmen von Jugendlichen entstanden, die finanziell ausgesorgt haben.

Mentale und kognitive Gründe

Weitere Gründe, warum Eltern das Kind zur Teilnahme am Online-Spiele ermutigen sollten, führen zur geistig-körperliche Ebene, u.a. auch in Bezug auf die Verbesserung kognitiver Fähigkeiten.

- **Hand-Augen-Koordination**

Das Gehirn kontrolliert sehr vieles, was unser Körper tut. Um bestimmte Aktivitäten zu tun, müssen Menschen Handlungsmuster oder die Fähigkeit entwickeln, die man normalerweise nicht von Geburt an besitzt. Ein gutes Beispiel dafür ist das Autofahren oder Tippen am Computer. In beiden Fällen benötigt man Finger und Augen, die synchron arbeiten.

Allerdings trägt die Teilnahme an Aktivitäten, die den Einsatz von Händen und Augen gleichzeitig erfordern, dazu bei, dass sich das Verhältnis zwischen diesen beiden Organen verbessert. Dies führt zurück zum Spielen. Ob online oder offline, Spielen verbessert die Hand-Augen-Koordination. Dies gilt zwar nicht für alle Spiele, aber für viele, die die Verwendung von Pads oder Joysticks erfordern.

- **Vorteile für das Gedächtnis**

Andere Arten von Spielen fördern das Gedächtnis. Das Gedächtnis ist das Herzstück unserer Erkenntnis. Es definiert nicht nur die Zeit selbst, sondern auch die Kommunikation. Das Gehirn muss in der Lage sein, die Schallwellen, die es von außen empfängt, mit den bekannten Zeichen abzugleichen und dann die Bedeutungen, die diesem Klang zugeordnet sind, zu nennen. Das funktioniert jedoch nur, wenn die Bedeutung dieser beiden Worte geläufig ist. Derselbe Prozess gilt für das Sehen, Fühlen, Schmecken und mehr. Tatsächlich hängt auch die Intelligenz davon ab, ob man ein gutes Gedächtnis hat.

Memory und eine Vielzahl von Brettspielen sind das, was uns in den Sinn kommt, wenn wir von Spielen sprechen, die das Gedächtnis verbessern. Einer der Gründe, warum Menschen Dinge vergessen, ist die geringe Interaktionsfrequenz mit diesen Dingen. Eine Vielzahl von Spielen wurde speziell entwickelt, um die menschliche Fähigkeit zur Erinnerung an Informationen zu stärken. Nicht nur „analoge" Spiele, sondern auch die digitale Spielewelt bietet hierbei eine große Hilfe.

Intellektuelle Gründe

Intellektuell meint in diesem Zusammenhang das kritisches Denken, das kreatives Denken und eine solide Wissensbasis.

- **Kritisches Denken zur Problemlösung**

Kritisches Denken ist eine intellektuelle Aktivität, die nötig ist, um zu einem fundierten Urteil zu gelangen. Die Fähigkeit, logisch und analytisch zu denken, ist nichts, womit Menschen geboren wurden. Es ist etwas, das im Laufe der Zeit und durch die Praxis erlernt wird.

Einige Spiele fördern die Problemlösungskompetenzen. Ein Beispiel stellt Schach dar. Um im Schachspiel glänzen zu können, müssen Spieler kritisch und analytisch denken, die möglichen Züge des Gegners vorhersehen und sich für jeden möglichen Zug Gegenzüge ausdenken können. Auch hier sind bestimmte Computerspiele, die strategisches Denken im Fokus haben (z.B. Strategiespiele, Simulationsspiele etc.) als Beispiele zu nennen.

- **Kreatives Denken**

Kreatives Denken unterscheidet sich vom kritischen Denken. Dieser Unterschied wird deutlich, wenn man sich anschaut, dass es zwar möglich ist, bei einem IQ-Test hohe Punktzahlen zu erzielen, aber trotzdem nicht mit neuen Situationen umgehen kann. Das Schlüsselwort hierbei bezieht sich auf „neu“. Wenn jemand kreativ denken kann, dann kann er alte Ideen, ob verwandt oder nicht, kombinieren, Einsichten gewinnen und sich etwas Neues einfallen lassen. Kreatives Denken steht im Mittelpunkt von kreativen Leistungen, sei es in den

Naturwissenschaften oder in der Kunst.

Leonardo Da Vinci war eine der führenden Persönlichkeiten in der Geschichte, wenn es darum ging, das kreatives Denken voll auszuschöpfen. Bevor er starb, hinterließ er Baupläne für neue Erfindungen, ohne die meisten davon selbst je entworfen zu haben. Ähnliches lässt sich über Darwin, Einstein und Babbage sagen, die ihre Denkmuster kreativ angewendet haben, um Theorien und Konzepte zu entwickeln.

Spiele eröffnen die Möglichkeit, neue Erkenntnisse und neue Ideen zu erzeugen. Einige Spiele erfordern, dass Spieler komplett über den Tellerrand hinausdenken, um Lösungen zu finden. Mit Anderen können neue Spieleideen oder Level entwickelt werden (zu nennen seien hier beispielsweise Game Maker, Construct, Game Salad, RPG Maker, Mario Maker, Unity 3D und andere Engines etc., deren Nutzung vom Autor dieses Buches empfohlen wird). Werden solche Spiele länger gespielt, entwickelt sich die Fähigkeiten des Gehirns in dieser Richtung besser und können auf reale Ereignisse angewendet werden.

- **Robuste Wissensdatenbank**

Wissen ist das Verständnis von Zusammenhängen von Informationen. Lernspiele helfen dabei, Wissen aufzubauen und zu festigen. Das fängt vom einfachen Ratespiel und Kreuzworträtzel an und geht bis zur komplexen Wirtschaftssimulation.

DIE ROLLE VON ELTERN UND LEHRERN BEIM SPIELERISCHEN LERNEN_

DAS SPIELEN von Videospielen hat einen recht negativen Ruf erlangt, vor allem bei älteren Menschen, Lehrern oder Eltern, die der Meinung sind, dass die Zeit, die man mit solchen technischen Spielgeräten verbringt, eine Verschwendung darstellt. Die Vorteile und Nachteile sind bereits diskutiert worden.

Videospiele sind in der modernen Welt und vor allem bei jungen Menschen zu einem festen Bestandteil des Lebens geworden. Studien zeigen, dass ein Großteil der Kinder im Alter zwischen 2 und 17 Jahren Videospiele auf mehreren digitalen Plattformen und Geräten wie Smartphones, Tablets, Laptops und Spielkonsolen spielen[50]. Diese Zahlen sind gegenüber einer Studie von 2009 um fast 13 Prozent gestiegen. Allein Spiele, die auf mobilen Geräten gespielt werden, sind von 8 Prozent auf 38 Prozent gestiegen. Android- und iOS-Geräte machen den größten Teil des Wachstums aus. Die Nutzung von Spielen, die auf Handheld-Systemen wie dem Nintendo 3DS gespielt werden, sind seit 2009 von 38 Prozent auf 45 Prozent gestiegen.

Wie Eltern helfen können

Gefangen im Sumpf der Entscheidung zwischen, Spielen ist gut und Spielen ist schädlich für Kinder, nehmen Eltern und Lehrer traurigerweise eine unentschiedene oder gar abneigende Haltung ein.

Eine gleichgültige Einstellung zur Gaming-Welt des Kindes zu zeigen, ist zwar einfach, aber auch schädlich. Viele Aspekte sind hierbei zu berücksichtigen. Je nach Alter und Entwicklungsstand der Kinder gelten beispielweise einige Spielinhalte als ungeeignet und sollten nicht von Kindern konsumiert werden. Unangemessene Inhalte können das emotionale und psychische Wohlbefinden eines Kindes schwer beeinträchtigen. Dies ist jedoch kein Anlass dazu, Kindern zu verbieten, sich mit Videospielen generell zu beschäftigen, da einige dieser Spiele eine wichtige Rolle bei der kognitiven und intellektuellen Entwicklung von Kindern spielen können (wie zuvor erläutert).

Es gibt viele Expertenmeinungen darüber, wie Eltern mit dem Thema Spiele für Kinder umgehen können und wie sie eine angemessene und sichere Lösung realisieren können. Mangels bereits angedeuteten gemeinsamen Konsenses, sind einige dieser Meinungen in bestimmten Aspekten ähnlich, andere jedoch wiedersprechen sich. Insbesondere ist der Aspekt von Lernspielen so gut wie noch gar nicht beleuchtet, da es in den meisten Studien eher allgemein um Medien und übliche Spiele geht.

Es gibt derzeit keine konkreten Anleitungen, was Eltern in diesem Zusammenhang tun sollen. Es gibt jedoch einige Grundsätze, an die man sich halten kann. Diese Grundsätze helfen bei der Wegfindung beim Umgang mit Computerspielen, indem sowohl positive als auch negative Aspekte des Spielens berücksichtigt werden.

Es gilt in jedem Fall folgendes: Als Eltern sollte man sich ein breites Wissen über die Vor- und Nachteile von Videospielen aufbauen, bilden sie doch eine wichtige Komponente der Beschäftigung heutiger Kinder.

Experten raten, dass Kinder, die alt genug sind, um Videospiele spielen zu wollen, dazu ermutigt werden sollten. Laut dem Kinder- und Jugendpsychologen Belén Mata[22] vom Austral University Hospital in Argentinien "stellen Videospiele kein intrinsisches Risiko für Kinder dar: es hängt eher von den jeweiligen Inhalten und der Nutzung ab". Hierbei zu bedenken sind natürlich die Gefahren, die außerhalb des Spiels entstehen - Bewegungsmangel, soziale Isolierung, etc. Die Autorin erklärt außerdem den Zusammenhang mit dem Alter. Demnach brauchen kleine Kinder Eltern, die den Inhalt dessen, was sie sehen, erklären, um darüber nachzudenken und diese zu verstehen. Das heißt, besonders junge Kinder brauchen vor allem die Anleitung und Nähe der Eltern, um das, was sie tun, besser zu verstehen. Mata gibt einige Richtlinien für Eltern bezüglich des Umgangs mit Videospielen, die die Begleitung beim Spielen und das Setzen gesunder Grenzen, die den Verbrauchern helfen sollen, wohlüberlegte Entscheidungen beim Kauf von Videospielen oder Apps zu treffen. Ähnliche Anleitungen sind auch von deutschen Einrichtungen veröffentlicht worden (z.B. vom Deutschen Kinderschutzbund und dem Bundesministerium für Familie, Senioren, Frauen und Jugend).

Darüber hinaus müssen sich Eltern Ihrer Rolle und Verantwortlichkeit gegenüber Ihrem Kind außerhalb des Spiels bewusst sein. So sollten sie es dazu ermutigen, auch Alternativen zum Spielen von Videospielen zu finden und zum Beispiel Aktivitäten auszuüben, die die körperliche und geistige Gesundheit auf anderem Wege stärken. Wie die Hausärzte Camila Giménez und Celeste Berecoechea des Austral University Hospitals feststellten, "spielt die Rolle der Erwachsenen eine entscheidende Rolle bei der Entwicklung von Alternativen (zu Videospielen) und der Schaffung gemeinsamer Aktivitäten, die für alle Beteiligten eine besondere Bedeutung erlangen können. Aktivitäten wie Kochen oder gemeinsame Hausarbeiten, Familienspiele und Sport, Spaziergänge, Gesellschaftsspiele und die Förderung von Lesegewohnheiten können für ein Kind zu attraktiven alternativen Aktivitäten werden, wenn ein Erwachsener beteiligt ist."

In Anbetracht der Tatsache, dass jüngere Menschen meist nicht in der Lage sind, selbst die richtigen Entscheidungen für sich zu treffen, bauen Hersteller in der Regel Elternkontrollfunktionen in ihre Produkte ein. Solche Funktionen sind vorhanden, um Eltern bei der schwierigen Aufgabe zu unterstützen. In den folgenden Unterabschnitten dieses Kapitels werden einige der Funktionen, die Eltern helfen können, die richtigen Grenzen zu setzen, erläutert.

Methoden, Grenzen zu setzen

Dieses Thema wird in unterschiedliche Bereiche untergliedert: elektronische Einschränkungen, Internetbeschränkungen, physikalische Einschränkungen, Verwendung von Zeitplänen, Überwachung von Aktivitäten und die Verwendung von Filtern.

Elektronische Einschränkungen

- **Einschränkungen für Telefone und Tablets**

Smartphones und Tablets oder Handheld-Geräte im Allgemeinen verfügen über eine Kindersicherung. Diese Funktion ermöglicht es Erziehungsberechtigten zu bestimmen, worauf das Kind während der Verwendung des Geräts Zugriff hat. Beispiele für diese Funktion finden man in der iOS-Funktion "Bildschirmzeit" und der Funktion „digitales Wohlbefinden" von Android.

Es gibt auch Anwendungen von Drittanbietern, die weitere Einschränkungen hinzufügen oder sogar Eltern alarmieren können, wenn diese von ihren Kindern überschritten werden (z.B. KIDOZ: Safe Mode für Android). Solche Apps können für die verschiedenen Geräte aus dem jeweiligen App Store heruntergeladen und installiert werden.

ELTERN KÖNNEN MIT SIMPLEN METHODEN REGELN FÜR DIE NUTZUNG VON SPIELEN AUSTELLEN RULES!

- **Einschränkungen für PCs**

Alles, was bisher über die elterliche Kontrolle am Mobiltelefon gesagt wurde, gilt auch für die elterliche Kontrolle am PC. Eine Kindersicherungssoftware kann auf fast jedem Computer installiert werden, auf den ein Kind Zugriff hat. Eine einfache Möglichkeit bei Windows, den Zugriff Ihres Kindes auf Dateien und Anwendungen einzuschränken, ist die Verwendung der Gastkontenfunktion. Auf diese Weise kann man das Passwort für das Hauptkonto auf dem System geheim halten.

Eltern können auch Einschränkungen festlegen, auf welche Websites die Kinder zugreifen dürfen, wenn sie die auf dem Computer installierten Web-Browser verwenden. Dies kann man mit Plugins oder Add-ons von Drittanbietern tun. Man muss sich jedoch darüber im Klaren sein, dass Kinder intelligent genug sein können, solche Einschränkungen zu umgehen. Ein weiteres Beispiel für die auf PCs verfügbaren Restriktionsfunktionen ist die Windows 10 Bildschirmzeitfunktionalität. Unter MacOS dient die „Kindersicherung" dazu, und für bestimmten Linux-GUIs gibt es ähnliche Funktionen.

- **Einschränkungen für Spielkonsolen**

In Konsolen kann man meistens bestimmte Funktionen beschränken, z.B. die Nutzung des Internets mittels Web-Browser, den Sprachchat oder Shop-Käufe verhindern. Auch die Einstellung von Altersbeschränkungen ist zum Teil möglich. Dies ist jedoch sehr Geräteindividuell. Nachfolgend wird erläutert, wie die Beschränkungen zum Schutz für verschiedene Spielegeräte wie Nintendo Wii U, Nintendo 3DS, PlayStation 4 und Xbox One einrichten.

Nintendo Switch & Wii U

Nintendo ist bekannt dafür, familienfreundliche Inhalte zu bieten. Die Optionen für die Kindersicherung ihrer Wii U-Konsole sind durchdacht umgesetzt und einfach zu aktivieren. Dies betrifft u.a. die Netzwerkfunktionen wie Online-Multiplayer, Chat und den Online-Shop, welche für Benutzer unter 12 Jahren deaktiviert sind (was bei der erstmaligen Einrichtung eines Benutzerkontos durch Eingabe des Alters festgelegt wird). Wenn ein Benutzer zu jung ist, um auf Netzwerkfunktionen zuzugreifen, können Eltern wählen, ob sie der Nutzung dieser Funktionen durch das Kind dennoch zustimmen möchten, indem sie die Zustimmungsvereinbarung akzeptieren und eine Gebühr von 0,50 $ zahlen, die nicht zurückerstattet werden kann (dies ist dafür da, um sicherzustellen, dass die Eltern durch eine Benachrichtigung auf ihrem Kontoauszug wissen, dass die Online-Funktionen aktiviert wurde).

Datenschutz- und Inhaltseinstellungen für das Kind können eingrichtet werden. Dabei muss eine PIN und eine geheime Antwort für eine Sicherheitsfrage erstellt werden. Dies soll verhindern, dass Das Kind selbstständig die Einstellungen ändert.

Um auf diese Einstellungen zuzugreifen, geht man in das Wii U Menü und wählt dort Kindersicherung aus. Nach der Eingabe Ihrer PIN kann man die Berechtigungen für folgende Inhalte ändern:

- Einschränkung des Spielzugangs nach Bewertung (z.B. über Pegi.info)
- Chat im Spiel
- Wii-U-Chat
- Miiverse (Nintendos konsolenbasiertes Social Media Netzwerk)
- Freunde
- Online-Shop
- Verwendung und Einstellungen des Web-Browsers
- Datenverwaltung (d.h. Löschen oder Kopieren von Daten auf dem System, wie z.B. Speichern von Spieldaten und heruntergeladenen Programmdaten)

- Nicht-spielbasierte Anwendungen wie Netflix oder YouTube

Bei der Nintendo Switch lassen sich unter anderem auf ähnliche Weise Spielezeiten einschränken, sogar tagesscharf. Statistiken geben Auskunft über die meistgespielten Spiele. Auch hier lassen sich Spiele aufgrund der Altersbeschränkung automatisch sperren. Gleiches gilt für Online- und Social-Media-Funktionen.

Nintendo 3DS

Um die Kindersicherung auf einem 3DS-System (gilt auch für die anderen Nintendo DS-Systeme) zu aktivieren, drückt man zunächst die HOME-Taste und geht auf Systemeinstellungen. Unter Kindersicherung folgen in den Schritten die weiteren Einstellungen in Form einer vierstelligen PIN sowie eine Eingabe einer E-Mail-Adresse. Die E-Mail wird als Kontakt verwendet, um die PIN zurückzusetzen, falls diese vergessen wird.

Beim 3DS gibt es Optionen zu den Einschränkungen von Spielen bzgl. Bewertung, die Nutzung von Online-Funktionen in Zusammenhang mit Freunden, Chats, E-Shop, dem Web-Browser, dem „Street Pass“ und der 3D-Bilddarstellung.

PlayStation 4

Um die Kindersicherung für eine PS4 einzurichten, muss ein Masterkonto und ein Unterkonto für die Kinder erstellt werden. Dies wird bei der Ersteinrichtung der Konsole durchgeführt, kann aber auch im Nachhinein über die PSN-Optionen im Konsolenmenü eingestellt werden. Nachdem ein Masterkonto eingerichtet ist, kann das Sub-Konto angelegt werden. Folgenden Schritte müssen ausgeführt werden:

1. Im Einstellungsmenü wählt man Kindersicherung.

2. Unter Unterkontenverwaltung wird man aufgefordert den PSN-Benutzernamen und das Passwort einzugeben.
3. Man erhält eine Erklärung zu Unterkonten, und das System führt durch die Schritte zur Einrichtung des Kontos des Kindes.

Für jedes Unterkonto können nun eingestellt werden:

- Einschränkung von Spielen, Apps, DVDs und Blue-Rays durch ihre Altersbeurteilung
- Deaktivieren/Entfernen der Nutzung des PS4-Web-Browsers
- Einschränkung der Anmeldung nicht-registrierter Nutzer
- Deaktivieren von Nachrichten an und von anderen PSN-Benutzern
- Ausgabenlimits für den PlayStation Store
- Blockieren von Inhalten im PlayStation Store

Xbox One

Auf einer einzigen Xbox One-Konsole können mehrere Konten unterschiedlicher Art gespeichert und gemeinsam genutzt werden, indem ein Familienprofil eingerichtet wird. Dazu müssen unter den Einstellungen im Bereich „Familie" die Familienkonten angepasst werden. Die Kontoarten reichen von Konten für Erwachsene, über Teenager bis hin zu Kindern, und jede dieser Kontotypen hat eigene Einschränkungsmöglichkeiten:

- Erwachsenenkonten haben keine Einschränkungen.
- Jugendkonten haben standardmäßig nicht viele Einschränkungen; Spiele, Filme und Online-Funktionen sind verfügbar. Diese Berechtigungen können jedoch alle von einem

Erwachsenenkonto geändert werden.

- Kinderkonten (empfohlen für Benutzer unter acht Jahren), haben voreingestellte Einschränkungen für die Nutzung von Inhalten nach Bewertung und begrenzte Online-Funktionen.

Internetbasierte Einschränkungen

Internetbeschränkungen können auch verwendet werden, um das Spielen auf elektronischen Geräten einzuschränken. Hierbei helfen oftmals Konfigurationsmöglichkeiten von Internet-Routern. Diese Art der Einschränkung kann verwendet werden, um das Spielen auf mehreren Plattformen - wie PCs, Smartphones, Fernseher und Konsolen - gleichzeitig einzuschränken, z.B. indem der Internet-Datenverkehr zeitlich oder in Bezug auf die Datenmenge Geräteindividuell eingeschränkt wird.

Physikalische Einschränkungen

Die bisherige Diskussion über Restriktionen erstreckte sich nur auf die Möglichkeiten, die einem die elektronischen Geräte bieten. Physikalische Einschränkungen sind eine weitere Möglichkeit. So können Eltern die Spielkonsole während der Verbotszeit von Spielen in einem Schrank einsperren und sie nur während der Feiertage oder am Wochenende herausholen. Sie können entscheiden, ob die Kinder ihr Handy mit zur Schule nehmen sollen oder nicht. Die Möglichkeiten hierbei sind vielfältig.

Verwendung von Zeitplänen

Beim Spielen von Videospielen sind zeitliche Einschränkungen in jedem Fall zu empfehlen. Ein komplettes Verbot von Spielen ist allerdings nicht immer nötig. Insbesondere bei den lehrreichen Spielen steht der Nutzen oftmals über den Gefahren. Am wichtigsten ist es, klare Vorgaben zu Zeiten zu machen und dabei die spezifischen Bedingungen jedes Falls individuell zu berücksichtigen. So kann es sinnvoll sein, dass zusätzliche Spielezeit für gute Schulleistungen gewährt werden oder Verbote erteilt werden, wenn Übereinkommen nicht eingehalten wurden.

Eine weitere Möglichkeit, ist die Erstellung eines klaren Zeitplans, der die Zeitspanne pro Tag festzulegt, die das Kind an seinem Computer oder Spielegerät verbringen darf. Die festgelegten Zeiten können gezielt gestaltet werden, sodass beispielsweise montags, dienstags, mittwochs, donnerstags und sonntags weniger Bildschirmzeit und freitags, samstags und an Feiertagen mehr gewährt wird.

Der Schlüssel zur Wiedererlangung der Kontrolle über die Medien im Haus Zuhause ist es, im Voraus Vereinbarungen zu treffen und diese durchzusetzen. Nachfolgend sind Beispiele für Pläne dargestellt:

Tage	Zeit	Plattform			
		Nintendo	**Mobil**	**FERNSEHER**	**Computer**
Montag	16-17 Uhr	Mike			
Dienstag	16-17 Uhr		Mike		
Mittwoch	16-17 Uhr			Freier Tag	
Donnerstag	16-17 Uhr			Mike	
Freitag	15-18 Uhr	Mike		Mike	
Samstag	15-18 Uhr	Mike	Mike		Mike
Sonntag	15-17 Uhr		Mike	Mike	Mike

Tabelle 7.1: Ein exemplarischer Zeitplan für die Nutzungszeiten von Mike (12 Jahre alt, mit guten Noten)

Tage	Zeit	Plattform			
		PlayStation	Tablette	FERNSEHER	Computer
Montag					
Dienstag					
Mittwoch					
Donnerstag					
Freitag					
Samstag	Maximal 3 Stunden	Cindy	Cindy	Cindy	Cindy
Sonntag	Maximal 2 Stunden	Cindy	Cindy	Cindy	Cindy

Tabelle 7.2: Ein exemplarischer Zeitplan für die Spielenutzung von Cindy (10, mit nicht so guten Noten)

Tage	Zeit	Plattform			
		PlayStation	Tablette	FERNSEHER	Computer-Lernspiele
Montag					Lernspiel
Dienstag			Lernspiel		
Mittwoch					
Donnerstag					Lernspiel
Freitag			Lernspiel		
Samstag	Maximal 3 Stunden	Cindy	Cindy	Cindy	Cindy
Sonntag	Maximal 2 Stunden	Cindy	Cindy	Cindy	Cindy

Tabelle 7.3: Ein exemplarischer Zeitplan für die Spielenutzung, um Cindy in den Schulfächern zu helfen (10, mit nicht so guten Noten).

PLAYSTATION: TABLETTE

Eine weitere Möglichkeit besteht darin, dass Kinder zu ihren eigenen Bedingungen entscheiden können, welches Gerät sie verwenden wollen, solange es innerhalb der festgelegten maximalen Zeitspanne liegt. Eine dritte Möglichkeit ist die Verwaltung eines Zeitkontingents, z.B. auf der Grundlage guter Schulnoten (jedes Mal, wenn ein Kind eine gute Note erhält, wird zur festgelegten Zeit zusätzliche Zeit hinzugefügt). Viele Optionen für die Planung von Spielzeit und Plattform sind möglich und hängen hauptsächlich von den Kindern selbst, ihren Interessen, Schulnoten und dem Maß an Vertrauen ab, das ihre Eltern ihnen entgegenbringen.

Das Wichtigste ist, dass sie die Vereinbarung verstehen müssen, bevor sie das Spiel einschalten. Regeln dazu können am Kühlschrank oder einem anderen gut sichtbarem Ort aufgehängt werden. So kann man sich immer auf einen Zeitplan beziehen, wenn es Streit gibt. Wichtig: Eltern sollten Spielen von sinnvollen Lernspielen fördern und andere Arten von Spielen einschränken!

Aktivitäten überwachen und Filter verwenden

Die Überwachung der Online-Aktivitäten von Kindern durch die Eltern ist aus mehreren Gründen wichtig. Zum einen sollten Kinder davor bewahrt werden, illegale oder sonstige regelüberschreitende Dinge zu tun. Oft sind sich Kinder noch gar nicht bewusst, was sie tun und sollten daher angeleitet werden. Als Elternteil und Vormund sollte dabei etwas Raum gelassen werden, um nicht zu sehr in die Privatsphäre einzudringen und doch eine gewisse Kontrolle auszuüben. Ohne die Nutzung automatischer Filter sollte man als Elternteil die besuchten Internetseiten freigeben, sich ggf. Nachrichten und Veröffentlichungen („Posts“) des Kindes in Internetforen und den Download- Ordner erklären lassen.

Der Einsatz von Filtermechanismen, die unangemessene Inhalte verhindern, ist für Kinder im jungen Alter eine sinnvolle Lösung. Diese Filter können so konfiguriert werden (siehe Punkt B oben), dass bestimmte Internetadressen und Schlüsselwörter blockiert werden (dies ist besonders wichtig, wenn die Kinder freien Zugriff auf Websites wie

YouTube oder jede andere Website für Medienstreaming haben). Es ist auch sehr ratsam Kinder keine Online-Zahlungen tätigen zu lassen. In einigen Fällen kann diese Kontrolle nicht nur das Kind, sondern auch die Eltern schützen, beispielsweise wenn es um die Weitergabe vertraulicher Informationen oder das Nutzen der Kreditkarte geht. Eltern haften hier für ihre Kinder! Und je jünger ein Kind ist, desto mehr Kontrolle sollte ausgeübt werden. Aufwand erkennen.

Der Umgang mit der Sucht nach Videospielen

Obwohl es keine einheitliche Definition gibt, haben viele Experten die Videospielsucht als eine Form der Verhaltenssucht beschrieben, die durch übermäßigen oder zwanghaften Gebrauch von Computerspielen oder Videospielen gekennzeichnet ist. Die Störung zeigt sich durch zwanghafte Nutzung von Spielen, soziale Isolation, Stimmungsschwankungen, verminderter Vorstellungs-kraft, den übertriebenem Fokus auf virtuelle Leistungen im Spiel sowie dem generellem Ausschluss anderer Ereignisse im „normalen" Leben. In ihrer 11. internationalen Klassifikation von Krankheiten (ICD-11) hat die Weltgesundheitsorganisation (WHO) die Spielsuche als eine psychische Gesundheitsstörung aufgeführt, die eine medizinische Intervention erfordert.

Der Hauptunterschied zwischen einem gesunden Verhältnis zum Spiel und einer Sucht liegt in folgenden Merkmalen: fehlende Kontrolle über das Verlangen nach Videospielen, zunehmende Priorität des Spiels über andere alltägliche Aktivitäten und Fortsetzung des Spiels trotz des Auftretens negativer Folgen. Das heißt jedoch auch umgekehrt, dass Menschen - auch Kinder – passionierte Fans von Videospielen sein können, ohne süchtig zu sein. Tatsächlich sind Schätzungen zufolge ca. 3 - 4% der weltweiten Spieler spielesüchtig – immerhin eine beachtliche Zahl. Die Ursachen der Entwicklung einer solchen Sucht sind weniger erforscht. In jedem Fall ist alleinig das Spielen von Computerspielen selbst nicht die Ursache, sondern die Auswirkung. Wie bei vielen psychischen Störungen, sind die Gründe vielschichtig und gehen über das Thema dieses Buches hinaus.

Die Gefahren der Videospielsucht reichen von leichten Folgen wie Schlafstörungen, Stimmungsschwankungen, Irritationen und Unter- bzw. schlechter Ernährung bis hin zu schwereren Folgen wie Depressionen, körperlicher Aggression, Agoraphobie (eine Erkrankung, die durch Angst vor dem Verlassen des Hauses gekennzeichnet ist) und Hikikikomori (ein japanischer Begriff für den Rückzug eines Jugendlichen aus dem gesellschaftlichen Leben).

Eltern können mit der Beantwortung folgender Fragen herausbekommen, ob das Kind an Spielesucht leidet – wobei der Schwergrad immer mit einzubeziehen ist:

1. Sehr intensive Beschäftigung mit Videospielen. Wenn Das Kind nur noch an vorangegangene oder zukünftige Videospiele denkt, besteht die Möglichkeit, dass es süchtig ist.
2. Zeigen von Entzugserscheinungen, wenn das Spielen untersagt wird. Diese Symptome werden typischerweise als Reizbarkeit, Angst, Langeweile, Verlangen oder Traurigkeit beschrieben.
3. Verlust der Interessen an früheren Hobbys und Unterhaltung ausschließlich durch Videospiele.
4. Das Verlangen, immer mehr Zeit mit Videospielen zu verbringen.
5. Schulische Leistungen, wichtige Beziehungen (z.B. Freunde), ein Job, ein anderes Hobby, eine Ausbildung oder eine Karrieremöglichkeit wurden wegen der Nutzung von Videospielen gefährdet oder verloren.
6. Anhaltende übermäßige Beteiligung an Videospielen trotz Kenntnis der psychosozialen Auswirkungen und erfolgloser Versuche, die Lust auf Videospiele zu reduzieren bzw. zu

kontrollieren.

7. Nutzung von Videospielen zur Flucht oder Linderung negativer Stimmungen (z.B. Gefühle von Hilflosigkeit, Schuldgefühlen, Angst).

Kinder, die an einer Sucht leiden, sind in der Regel empfindlicher als andere. Dies gilt auch für Videospielsüchtige. Da die Sucht nach Videospielen etwas Neues in der Welt der psychischen Gesundheit ist, gibt es noch keine eindeutigen Behandlungsmöglichkeiten zur Heilung. Derzeit wird mit Cognitive Behavioral Therapy (CBT) als Behandlungsmethode gestartet. CBT soll die Gedanken beeinflussen, die zu ungesunden Spielgewohnheiten beitragen, und so die Zeit, die mit dem Spielen von Videospielen verbracht wird, langsam reduzieren. Neben CBT gibt es weitere und gängige Möglichkeiten die Abhängigkeit von Videospielen zu reduzieren, indem die möglichen Ursachen erforscht werden:

1. Zunächst seien Videospielsuchtbücher mit Selbsthilfe-Behandlung angesprochen. Diese helfen für erste Schritte bei exzessivem Spielen. Für diejenigen, die nicht in der Lage sind, einen qualifizierten Therapeuten zu finden oder sich teure Behandlungen nicht leisten können, können Schritt-für-Schritt-Anleitungen zum Stoppen der Spielsucht eine einfache, bequeme und hilfreiche Alternative sein.
2. Die Familientherapie beantwortet Fragen hinsichtlich der Entwicklung und Veränderung im Zusammenhang von Interaktionen und Familiendynamiken, die Einflüsse auf Suchterhalten haben.
3. Die Einzelberatung mit einem Psychologen oder Therapeuten, der sich auf die Behandlung von Videospielsucht spezialisiert hat.
4. Videospiel-Suchtbehandlungszentren, die intensive stationäre

Erholungsprogramme anbieten, die von einer Psychiatriefachkräften durchgeführt werden. In Deutschland gibt es mehrere solcher Kliniken.

5. Die „Wildnistherapie" bei der es um das vollständige Fernhalten des Einzelnen von Umgebungen, in denen Videospiele zugänglich sind, geht. Die Wildnistherapie wurde als Intervention bei einer Vielzahl von Verhaltensproblemen bei Kindern und Jugendlichen eingesetzt und wird nun auch bei der Sucht nach Videospielen eingesetzt.

Videospiele und ADS/ADHS

Aufmerksamkeitsdefizit-Hyperaktivitätsstörung (ADHS) ist eine der häufigsten Erkrankungen im Kindesalter. Nach Angaben des Centers for Disease Control and Prevention gibt es am Beispiel der USA etwa 6,4 Millionen diagnostizierte Kinder[23]. In Deutschland sind in etwa 5-6 % der Kinder und Jugendlichen im Alter von 3 bis 17 Jahren. In diesem Zusammenhang ist auch das Aufmerksamkeits-Defizit-Syndrom (ADS) aufzuführen, das im allgemeinen Konzentrationsschwierigkeiten ohne Hyperaktivität beinhaltet. Es wurde festgestellt, dass Videospiele positive Auswirkungen auf Kinder mit ADHS haben [24]. Kinder mit dieser Erkrankung können sich oft nicht auf die grundlegenden Aufgaben und Aktivitäten konzentrieren. Sie können sich jedoch auf Spiele konzentrieren. Aufgrund dieses Aufmerksamkeitsschubs bei Videospielen kann das Lernpotenzial von Lernspielen besonders bei Kindern genutzt werden. Videospiele haben zwar Potenzial, ein effektives Werkzeug zur Wissensvermittlung bei Kindern mit ADHS zu sein, können aber auch negative Auswirkungen auf Kinder haben, die mit der Störung leben. Eine Studie der Iowa State University[25] von rund 3.000 Kindern und Jugendlichen aus Singapur, gemessen über 3 Jahre, ergab, dass Kinder, die mehr Zeit mit dem Spielen von Videospielen verbrachten, impulsiver waren und mehr Aufmerksamkeitsprobleme hatten. Die Forscher interpretierten die Ergebnisse so, dass Videospiele "bestehende Aufmerksamkeitsprobleme von Kindern verschlimmern können". Theorien über Ursachen und Folgen sind vorhanden, aber Kausalitäten noch nicht erklärt [26].

Da die Schwierigkeit, aufmerksam zu bleiben, weitgehend mit ADHS verbunden wird, ist es in der Regel das erste, was Lehrer, Eltern und Ärzte vermuten. Aber es gibt noch eine Reihe anderer Möglichkeiten, die zu Aufmerksamkeitsproblemen beitragen können. Des Zusammenhang zwischen Videospielen und ADS/ADHS ist ein Thema zu dem es noch nicht viele wissenschaftliche Erkenntnisse gibt. Dafür deutet sich eine therapeutische Nutzung bestimmter Videospiele bereits in Form von Angeboten an und könnte früher oder später zum normalen Fall werden. Eltern müssen auf ihr Bauchgefühl hören, wenn es um das Konsumieren von Lernspielen geht. Es ist ratsam, das Kind sorgfältig zu beobachten, während es Videospiele spielt. Außerdem sollten professionelle Berater und Ärzte hinzugezogen werden.

BEWERTUNG DER SPIELINHALTE IHRES KINDES_

DIESES KAPITEL KONZENTRIERT sich auf die Fragen: *Warum* sollten Eltern und Lehrer Spielinhalte bewerten und *wie* und wo können sie dies tun?

Warum Inhalte bewertet werden sollen

Zurückblickend auf die zuvor genannten Gefahren und die schlechten und hässlichen Themen im Zusammenhang der Mediennutzung, sind in diesem Kapitel Maßnahmen dargestellt, die Eltern ergreifen können, um die Inhalte zu bewerten, die die Kinder konsumieren.

Recherchearbeit

Bevor Eltern Ihrem Kind erlauben, ein Spiel zu spielen, sollten sie sich Zeit nehmen, sich das Spiel genauer anzuschauen. Dabei gibt es mehrere Wege.

1. Offizielle Quellen nutzen.

Offizielle Bezugsquellen beziehen sich auf die offiziellen Plattformen, auf denen Spiele angeboten werden. Beispiele dafür sind die mobilen App-Stores - Apple Store, Microsoft Store, Play Store, Playstation Store,

Steam für PC- und Mac Spiele, der Mac App Store für Macintosh-Spiele und Einzelhandelsgeschäfte (für Spiele auf allen Plattformen). Die mobilen App Stores bieten meist eine bessere Kontrolle über die App-Inhalte als die anderen oben genannten Plattformen, da Inhalte zum Teil scharf kontrolliert werden. Im Moment sind die Vorschriften im App Store von Apple viel strenger als in den anderen App Stores, wobei die Inhaltsprüfung nicht die Altersgerechtigkeit oder dergleichen betrifft, sondern andere Bewertungskriterien, die sich auf die Sicherheit und den Datenschutz beziehen.

Der Vorteil dieser offiziellen Quellen ist vor allem auch der, dass dort weitere Informationen abgerufen werden können, die für die Bewertung wichtig sind (siehe unten).

2. Auf Altersfreigaben achten.

Es gibt so viele Spiele auf dem Markt, dass es sehr unübersichtlich ist. Neben der Erfüllung anderer Bedingungen für die Veröffentlichung auf den bekannten Plattformen sind in den Spielbeschreibungen weitere Informationen enthalten. Eine wichtige Information ist die Altersfreigabe. Von den Spielen wird erwartet, dass sie Informationen darüber enthalten, für welches Alter die Spiele geeignet sind.

Einige Spiele sind z.B. für Personen über 12 Jahre freigegeben, während andere z.B. als nur für Erwachsene geeignet eingestuft werden. Dies erleichtert die Arbeit von Eltern wesentlich, was die Bewertung von Spieleinhalten angeht. Eltern sollten daher sicherstellen, dass das als Kind ein altersgerechtes Spiel spielt. Da die Entwickler der meisten Handyspiele jedoch ihre Spiele selbst bewerten, kann es sein, dass diese Einstufung nicht stimmt. In manchen Ländern müssen Medien offiziell bewertet werden (man kennt dies von Filmen, die eine solche Freigabe erhalten müssen). Bei Spielen etabliert sich ähnliches. Allerdings hat jedes Land eigene Regeln. Einige Standards, die teilweise übergreifend verwendet werden, sind folgende: Pegi.info wird insbesondere im europäischen Raum für PC- und Konsolenspiele häufig verwendet. Sehr viele Spiele sind bereits mit einer Altersangabe in Form einer Zahl bewertet. Leider werden mobile Apps hier nicht inkludiert, vermutlich aufgrund der Menge neuer Spiele-Apps, die tagtäglich erscheinen. Das Entertainment Software Rating Board (ESRB) ist ein ähnliches Siegel, was Spiele bewertet. Andere Bewertungssysteme wie USK in Deutschland oder Computer Entertainment Rating Organisation in Japan, die IARC international im internationalen Raum sind ebenso von Bedeutung. Verschiedene kleinere Institute beschäftigen sich ebenso mit Bewertungen, wie das „kidSAFE Seal Program". Eltern sollten sich beim Kauf von Spielen zumindest an diesen Altersangaben orientieren.

Ein wichtiger Hinweis: Es gibt fast keine Kontrolle bezüglich der Altersgruppe, für mobile Apps – also Spiele für das Smartphone oder Tablet! Hier gilt eine Selbstkontrolle. Entwickler stufen das Spiel bei der Veröffentlichung selber ein. Daher sollte gerade bei mobilen Apps – die häufigste Form mit der Kinder heute Spiele nutzen - darauf geachtet werden, die Spieleinhalte selber zu kontrollieren bzw. Nutzerbewertungen zu lesen (siehe nachfolgenden Punkt).

3. Offizielle Quellen bzw.

Plattformen, auf denen Spiele angeboten werden, haben meist ein sehr nützliches Feature eingebaut: Benutzerbewertungen. Die Bewertungen basieren auf Nutzermeinungen und werden als Sterne, Punkte und eventuelle Texte in Form von Kommentaren hinterlegt. Solche Kommentare können sich auf technische Schwierigkeiten, Design und auch auf Inhalte beziehen. Wenn mehrere Benutzer den gleichen negativen Kommentar zu einem Spiel abgeben, insbesondere wenn sich ein solcher Kommentar auf Inhalte bezieht, besteht eine sehr hohe Wahrscheinlichkeit, dass diese Recht haben. Viele Plattformen erlauben anderen Benutzern, diese Kommentare zusätzlich zu bewerten, so dass noch mehr Transparenz entsteht, wie viel Zustimmung zu bestimmten

Punkten von Allgemeinheit besteht. Als Nutzer kann man sich auf diese Weise schnell den Überblick verschaffen, ob das Spiel für das Kind geeignet erscheint oder nicht. Das Video- und Bildmaterial dieser Spiele, was als Werbung mit eingeblendet wird, dient ebenso als Vorkontrolle, ob der Inhalt für ein Kind passend sein könnte. Auch dies sollte in die Bewertung mit einbezogen werden.

Darüber hinaus bieten andere Online-Plattformen vertiefende Informationen und Bewertungen zu Spielen. Es ist gut möglich, dass ein bestimmtes Spiel von Spielexperten und Enthusiasten auf diesen Plattformen einer umfassenden Überprüfung unterzogen wurde. Eltern sollten sich auch diese anschauen, da sie hier möglicherweise etwas entdecken, dass auf den offiziellen Plattformen der Spiele kaum zu finden ist. Hier bieten sich gängige Computerzeitschriften, Online-Magazine, aber auch Youtube als Quelle an. Insbesondere letzteres hat über die Jahre Unmengen an Videos von Spielebewertungen hinzugewonnen.

Orte des Genusses

Bewertung hin oder her – es nützt wenig, Spiele vorzugeben, wenn das Kind anderswo tun und lassen kann, was es möchte. Die Frage, wo man Spielgewohnheiten ausüben kann, ist meist auf drei Orte beschränkt: das Zuhause, die Schule und bei Freunden. Spiele werden heute meist entweder zu Hause oder unterwegs mobil gespielt. Als Eltern sollte man sich daher im Klaren sein, dass eine zeitliche Einschränkung bei Spielen auch für Orte jenseits des heimatlichen Internetrouters gelten sollte. Dank elterlicher Kontrolle über den Datenverkehr bei Handys, lassen sich rein technisch zumindest einige Spiele oder die Nutzungszeit generell einschränken. Dennoch sollten für Schulzeiten oder ähnliches eigene Regeln gelten.

Innerhalb der Schule sind Regeln zur Nutzung von Spielegeräten nötig. Ist dies nicht der Fall, wäre es ratsam, diese anzuregen. Trotz

Schuldigitalisierung und öffentlichen Förderpaketen sind Best-Practise-Ansätze beim Umgang mit (Lern-)Spielen noch fern. Es kann daher sinnvoll sein, sich gemeinsam mit der Schule über sinnvolle Regeln auszutauschen. Selbiges gilt für den Freundeskreis. Gerade dieser kann sowohl positiven wie auch negativen Einfluss auf das Spieleverhalten von Kindern haben. Hier sollte abgewogen und mit den jeweiligen Eltern und Lehrern über Zeiten und/oder die genutzten Spiele bzw. Medienkonsum gesprochen werden.

DER LEITFADEN FÜR ELTERN FÜR DIE PÄDAGOGISCHE SPIELWELT_

LERNSPIELE („EDUCATIONAL GAMES") sind Spiele, die in erster Linie für Bildungszwecke konzipiert sind. Diese Spiele sind in der Regel so strukturiert, dass sie Menschen beim Erlernen bestimmter Themen unterstützen, die Entwicklung fördern, historische Ereignisse oder Kulturen verstehen helfen oder dabei helfen, eine Fertigkeit spielerisch zu erlernen. Im Laufe der Jahre ist das spielerische Lernen in Forschung, an Schulen und bei Eltern auf der ganzen Welt auf Interesse gestoßen. Verschiedene Experten haben diese Kombination aus Spielen und Lernen als Schlüssel zur Entwicklung von Kernfähigkeiten und Wissen bei Menschen, insbesondere bei Kindern, erkannt. Mangels ausreichend Forschung (siehe Kapitel 4) ist allerdings bislang kein einheitliches Bild entstanden, in welcher Form spielerisches Lernen für welche Altersklasse verwendet werden sollte, weswegen Angebote noch immer rar sind. Die Erfolge, die das spielerische Lernen mit sich bringen, sind vor allem auf seine inhärente Fähigkeit zurückzuführen, die anstrengende Aufgabe des Lernens und die Begeisterung für das Spielen miteinander zu verbinden. Mit der Explosion technologischer Geräte und der steigenden Nachfrage der Verbraucher nach Lernspielen[27] hat sich die Art der Spiele verändert. Video- oder elektronische Spiele sind mittlerweile weit verbreiteter als traditionelle Brettspiele – zumindest bezogen auf den Bereich von Spielen allgemein, leider weniger den Lernspielmarkt betreffend. Dieser Trend ist unter anderem auch auf den immersiven

Anteil zurückzuführen[28] - Videospiele machen es möglich, dass der Spieler zu einer fiktiven Figur wird, sich mit dieser identifiziert und virtuelle Probleme oder Herausforderungen löst.

LERNSPIELE GEWINNEN AN POPULARITÄT. ANALYSTEN SCHÄTZEN, DASS DER MARKT FÜR LERNSPIELE 2023 17 MILLARDEN US DOLLAR WERT SEIN WIRD!

Aufgrund der engen Verbindung von Lernspielen zu sonstigen elektronischen Spielen wird spielerisches Lernen und das Potenzial, sich positiv auf Kinder auszuwirken, nach wie vor noch in Frage gestellt. Die in den vorherigen Kapiteln bereits angesprochenen Vorteile sind hier noch einmal zusammengefasst:

1. Engagement und Antrieb. Die Lernenden werden oft durch praxisnahe und aktive Lernangebote motiviert. Die Spieler sind in der Lage, an der Erreichung eines Ziels zu arbeiten, einfach indem sie "spielen". Sie erleben die Folgen der Handlungen, wodurch die spielerische Lernerfahrung dem realen Leben ähnlich ist. Spiele wirken meist motivierend, so dass die Lust am Lernen nicht verloren geht.
2. Verbesserung der Kognition. Kinder lernen, ihre strategischen Denkfähigkeiten zu nutzen, einschließlich logischer Schlussfolgerungen, um fundierte Entscheidungen zu treffen und vorauszuplanen. Kinder entwickeln auch Problemlösungsfähigkeiten. Die Lernenden werden auch darin geschult, kreativ zu denken und ihre Bewegungen voraus zu planen. Die spielerische Lernumgebung führt zu höheren Bindungsraten im Vergleich zum Lernen aus einem Buch.
3. Entwicklung von Grundfertigkeiten. Spiele fördern körperliche Fähigkeiten, wie die Hand-Augen-Koordination. Sie können

mit Spielen auch an räumlichen Vorstellungsvermögen und sogar Feinmotorik arbeiten. Interaktive Spiele helfen den Kindern auch dabei in einer integrierten Lernumgebung mit anderen zu kommunizieren.

4. Schnelle Rückmeldung. Die Lernenden profitieren von dem schnellen Feedback-Mechanismus, der während des Spielens vorhanden ist. Sie lernen auch die langfristigen Auswirkungen ihrer Entscheidungen kennen. Eine Entscheidung zu Beginn kann im gesamten Spiel nachhaltige Auswirkungen haben. Das schnelle Feedback hilft den Kindern zu erkennen, wann sie gute oder schlechte Entscheidungen getroffen haben. Dies motiviert stetig, besser zu werden.

Vom grundlegenden Erkennen von Dingen bis hin zu Lese-, Schreib-, Tipp- und Mathematikfähigkeiten aller Art bieten Lernspiele den Spielern viele Inhalte Wissen aufzubauen und zu erweitern und gleichzeitig kognitive, soziale und körperliche Fähigkeiten zu entwickeln. Außerdem verbessert spielbasiertes Lernen die grundlegenden Fähigkeiten von Kooperation und Teamarbeit.

Förderung gesunder Spielgewohnheiten

Da Spielen eine intensive Aktivität ist, neigen die meisten Kinder dazu, andere wichtige Bereiche ihres Lebens dabei zu vernachlässigen. Es ist nicht ungewöhnlich, dass ein Kind das Mittagessen verpasst oder vergisst, seine Aufgaben zu erledigen. Es ist auch nicht unwahrscheinlich, dass ein Kind lange Stunden sitzend verbringt, ohne sich viel oder gar nicht zu bewegen. Typische Probleme sind daher Bewegungsmangel, schlechte Ernährung, ständiger Elektrosmog und Stress.

Bewegungen während des Spielens

Die Bedeutung von körperlicher Aktivität für den Menschen kann nicht genug betont werden. Noch wichtiger ist es für Kinder, die gerade in den frühen Phasen ihres Wachstums und ihrer Entwicklung viel körperliche Bewegungen benötigen, um in Form zu bleiben und optimal zu wachsen. Die Rolle der körperlichen Aktivität im Leben von Kindern ist heute noch ausgeprägter, angesichts der hohen - und immer weiter steigenden - Adipositasquote bei Kindern. Da elektronische Spielgeräte nicht mehr verschwinden werden, müssen Mechanismen geschaffen werden, die Bewegung wieder in den Vordergrund zu bringen, denn Bewegung bleibt wichtig. Ein Bericht des Institute of Medicine aus dem Jahr 2013[29] kam zu dem Schluss, dass Kinder, die aktiver sind, "mehr Aufmerksamkeit zeigen, eine höhere kognitive Verarbeitungsgeschwindigkeit haben und bei standardisierten akademischen Tests besser abschneiden als Kinder, die weniger aktiv sind". Eine in 2017 von der Universität Lund in Schweden veröffentlichte Studie zeigt, dass Schüler, insbesondere Jungen, die täglich Sportunterricht hatten, in der Schule besser abschneiden[30]. John Ratey, Professor für Psychiatrie an der Harvard Medical School und Autor von "Spark: Die revolutionäre neue Wissenschaft von Bewegung und Gehirn", sagt: "Bewegung aktiviert alle Gehirnzellen, die Kinder zum Lernen benutzen, sie weckt das Gehirn"[31]. Die Initiative "Let's Move"[32] soll in den USA dazu beitragen, Bewegung und Gesundheit von Kindern ins öffentliche Bewusstsein zu rücken. Bewegungspausen sind auch an deutschen Schulen verbreitet. Spielbasierte Vorschulen und weiterführende Schulen erfreuen sich zunehmender Beliebtheit. Zusatzprogramme, die Kinder dazu bringen, sich zu bewegen (Yoga, Meditation, Kampfkunst), gewinnen ebenfalls an Bedeutung. Diese Methoden versuchen, den Kindern einen Teil der Aktivität zurückzugeben. Achtsamkeitspraktiken[33] wie geführte Atmung und Yoga können helfen, die Hauptsymptome von ADHS bei Kindern zu mildern[34] [35], während künstlerische Betätigung[36] den Selbstausdruck und die Entwicklung der Motorik fördern. Auch dies kann mithilfe elektronischer Spielzeuge begleitet oder ermöglicht werden.

Bewegung ist ein wichtiger Bestandteil des Lernalltags für Kinder. Dies gilt auch für Spiele - insbesondere für Bildungsspiele. Das bedeutet nicht, dass ein Lernspiel, bei dem Kinder mathematische Aufgaben berechnen, wie ein Sportereignis aussehen muss. Aber ein gutes Lernspiel muss in der Lage sein, dieses Fach altersgerecht beizubringen, indem es Bewegungselemente und Motivationselemente verbindet und den damit verbundenen motivierenden Effekt von „Gamification" - anwendet. Die empirischen Erkenntnisse zur Unterstützung der pädagogischen Wirksamkeit von elektronischen Spielen in der Gesundheitserziehung und im Sportunterricht sind bisher begrenzt, aber die Ergebnisse einiger Studien stellen insgesamt ein positives Bild dar [38] Für Eltern bedeutet dies, dass besondere jüngere Kinder Lernspiele einsetzen sollten, bei denen Bewegung einen Bestandteil ausmacht. Zusätzlich darf natürlich die natürliche Bewegung außerhalb der Spielewelt nicht fehlen.

Kurz gesagt: Achten sie auf genug gesunde Bewegung- und Entspannungsübungen außerhalb und auch während der Spielenutzung.

Essgewohnheiten während des Spiels

Es ist nicht ungewöhnlich, dass Kinder gleichzeitig essen und elektronische Spiele spielen. Die meisten Lebensmittel, die Kinder gerne während des Spiels konsumieren, sind ungesund. Trotz der allgemeinen Debatten, Uneinigkeiten und Trends darüber, wie das richtige Essen für die Kinder aussieht, müssen Eltern sicherstellen, dass Eltern den Konsum von „Junk Food" einschränken. Dazu gehören vor allem:

- Softdrinks, einschließlich Cola
- Zuckerhaltige Lebensmittel und Snacks

- Lebensmittel und Getränke mit hohem Gehalt an künstlichen Inhaltsstoffen wie Aromen oder Farbstoffen, insbesondere solche, die keine oder nur geringfügige Mengen an Nährstoffen enthalten.
- Snacks, die in ungesunden Ölen geröstet werden (Industrieöle wie Sonnenblumen-, Rapsöl usw.).

Während Eltern diese Lebensmittel einschränken, müssen sie auch Maßnahmen ergreifen, die verhindern, dass Kinder schlechten Essgewohnheiten annehmen. Diese Maßnahmen können sein:

- Sicherstellen, dass Kinder gemeinsam mit der Familie am Tisch essen (und am Tisch nicht durch Medienkonsum abgelenkt werden).
- Wenn sich Snacks während der Spielsitzungen nicht ganz vermeiden lassen, dann sollten Kinder eher Gemüse, frisches Obst oder unbehandelte Nüsse etc. zu sich nehmen und dabei Wasser trinken (viele Kinder vergessen das Trinken während des Spielens)

Kurz gesagt: Als Eltern darf auch das Thema gesunde Ernährung im Zusammenhang mit dem Medienkonsum nicht zu kurz kommen.

Krankheiten und Behinderungen

Neue Technologien ermöglichen es Kindern mit Behinderungen, Spiele so zu erleben, wie es andere Kinder tun können - und sogar zusammen mit anderen Kindern. Ein teambasiertes Spiel, bei dem jeder seine spezifischen Möglichkeiten, die das Spiel bietet, nutzt, um gemeinsam voranzukommen, ist ein wunderbarer Aspekt des spielerischen Lernens.

Auf der anderen Seite gibt es bestimmte Erkrankungen wie Epilepsie,

ADS/ADHS und andere gesundheitliche Einschränkungen, die negativ (ggf. aber auch positiv) beeinflusst werden können. Als Eltern und Lehrer ist es wichtig, in dieser Hinsicht Ärzte zu konsultieren und auf Grundlage der fachlichen Beratung verantwortungsbewusst zu handeln.

Kurz gesagt: Eltern sollten sich mit Ärzten nach dem Gebrauch von Spielen für Kinder erkundigen, wenn diese an bestimmten Krankheiten leiden.

Elektrosmog

Im Jahr 2011 haben die Weltgesundheitsorganisation (WHO) und die Internationale Agentur für Krebsforschung (IARC) elektromagnetische Felder als "möglicherweise für den Menschen krebserregend" eingestuft (Gruppe 2B) [51]. Die meisten Geräte emittieren elektromagnetische Strahlung, eine Energieart, die man nicht sehen oder fühlen kann, deren Auswirkungen auf menschliche Zellen und Gewebe jedoch als negativ eingestuft wurden. Obwohl die Art der Auswirkungen von Elektrosmog auf den Menschen nach wie vor umstritten ist, haben Studien auch negative Wirkungen gezeigt, z.B. an Mäusen, bei denen gezeigt wurde, dass elektromagnetische Wellen dazu neigen, das Immunsystem bei Mäusen mit einer ähnlichen Wirksamkeit wie NSAIDs (entzündungshemmenden Medikamente) zu unterdrücken [38]. Die Ergebnisse über die potenziellen Schäden durch elektronische Strahlung sind Gegenstand von Diskussionen – und bleiben dies auch bei der Einführung von 5G-Netzwerken. Die folgenden allgemeinen Empfehlungen beziehen sich auf die Belastung von Kindern durch Elektrosmog:

- Blaues Licht von LEDs kann bestimmte Funktionen des Gehirns beeinflussen. Als Eltern ist es wichtig, die Zeitspanne zu begrenzen, in der Kinder vor einem Bildschirm sitzen. Die meisten Geräte haben heute einen Blaulichtfilter - dieser sollte vor allem in den Abendstunden genutzt werden.

- Andere elektronische Strahlungen aus 3G-, 4G- und 5G-Netzen, WLAN-Antennen, Bluetooth-Signalen usw. sollten so weit wie möglich aus dem Kinderzimmer entfernt werden. Eltern sollten sicherstellen, dass sich der Internet-Router, Tablets und die Smartphones im Energiespar- oder Flugmodus befinden oder sogar vor dem Schlafengehen vollständig ausgeschaltet sind. Dazu gehören auch alle anderen internetfähigen Geräte (Stichwort „IoT"), die in den kommenden Jahren deutlich an Bedeutung gewinnen werden.

Kurz gesagt: Ohne die Gefahren elektromagnetischer Strahlung genau zu kennen, sollte man begrenzen, wo es möglich ist – vom LED-Licht bis hin zum Handy-Netz.

Umgang mit Stress beim Spielen

Der Abbau von Stress in einer überwältigenden digitalen Welt, einschließlich beim Thema Videospiele, ist ein weiterer wichtiger Faktor, der berücksichtigt werden muss. Kinder sollten sich unbedingt ausreichend im Freien, in der Natur und fernab von elektronischen Geräten aufhalten.

Wenn Eltern feststellen, dass das Kind durch die von ihm gespielten Spiele „gestresst" ist, sollten Eltern und Lehrer es ermutigen, einige oder alle der folgenden Schritte durchzuführen:

- Das Kind sollte ermutigt werden, dass es regelmäßig nach draußen gehen soll, ohne die Nutzung elektronischer Geräte.
- Eltern müssen gemäß des „Medien-Zeitplans" dafür sorgen, dass regelmäßig Pausen vom Spiel gemacht werden.
- Wie bereits erwähnt, beinhalten einige Spiele den Einsatz echter Bewegung (Tennis, Tanzen usw.) vor dem Bildschirm

mittels Motion-Tracking. Die meisten dieser Spiele sind nicht wirklich zum Lernen gemacht, aber sie könnten von Zeit zu Zeit eine gute Alternative sein, um die Kinder in Bewegung zu bringen.

- Eine weitere Möglichkeit ist das Nutzen von Streaming-Inhalten für Übungen wie Yoga, Muskelaufbau, Tanz und jedes andere Sport- oder Entspannungstrainingsform vor dem Bildschirm (z.B. durch Nutzen der freien Möglichkeiten, die einem YouTube bietet).
- Das Kind benötigt genug Schlaf. Man spricht von 9-12 Stunden je nach Alter.
- Es kann auch hilfreich sein, beruhigende Musik oder ein Hörspiel / Hörbuch / Podcast zu hören, um sich zu entspannen und den Geist zu erfrischen.
- Eltern sollten in Erwägung ziehen, das Spiel zu verbieten, wenn es zu starken Reaktionen führt.

Kurz gesagt: Kinder müssen lernen, sich bei und nach Medienkonsum regelmäßig zu entspannen; Eltern sollten sie dabei anleiten und stärken.

Sonstiger gesunder Umgang mit Technik

"Internet, erzähl mir alles."

Kinder stellen Fragen und wollen Antworten darauf bekommen. Seit Jahrtausenden startet das Lernen auf Basis der Eltern-Kind-Beziehung. Der wachsende Trend von „intelligenten" Geräten in unseren Häusern, die sich mit dem Internet verbinden und es ermöglichen, mit künstlicher Intelligenz und Suchmaschinen zu kommunizieren, wächst. Ob es irgendwann einmal dazu kommen wird, dass ein Teil des Lernens von Kindern nur von künstlicher Intelligenz übernommen wird, ist wohl heute nicht zu beantworten. In jedem Falle erleichtert die Technik es den

Kindern, Fragen zu stellen und Antworten zu erhalten, selbst wenn sie nicht schreiben oder lesen können. Intelligente Heimgeräte (wie Amazon's Echo, Apple's Homepod, Google's Google Home) bieten uns neue Wege Bildung zu erfahren, wie z.B. das Erlernen von Vokabeln, die genutzt werden können. Natürlich sollten Eltern hier frühzeitig über die Gefahren aufklären, die sich insbesondere im Bereich des Datenschutzes ergeben können.

Wenn Kinder viele ihrer Fragen allein über Stimmeingabe an das Internet stellen können, wird der verantwortungsvolle Umgang mit dem Internet noch wichtiger. Eltern (und Lehrer in der Schule) müssen die Kinder vor allem über folgenden zwei wesentlichen Themen aufklären:

- Vertraulichkeit von Daten: Worin besteht der Unterschied zwischen öffentlichen und privaten Daten? Wann dürfen Informationen und bestimmte personenbezogene Daten weitergegeben werden und wann nicht? Daten im Internet haben außerdem den Hang „nicht vergessen zu werden".
- Sinnhaftigkeit bzw. Richtigkeit von Daten: Antworten aus dem Internet (z.B. Google, Alexa, Siri etc.) sind nicht 100% zuverlässig. Es ist wichtig, dass Kinder lernen, dass das Internet ein "Durcheinander" von Millionen von Servern ist, die Websites und Datenbanken betreiben, auf denen jeder auf der Welt fast alles schreiben, sagen und präsentieren kann, auch wenn es inhaltlich falsch ist. Diese Meinungsfreiheit ist mächtig und gut, aber für Kinder schwer zu verstehen. Gute analytische Fähigkeiten und der Wille, echte inhaltliche Analysen durchzuführen, sind notwendig, um qualitativ hochwerte Informationen aus dem Internet zu erhalten (siehe auch Kapitel 7).

Kurz gesagt: Eltern müssen Kindern helfen die Sinnhaftigkeit vom Datenschutz zu verstehen und die Meinungsvielfalt im Internet zu begreifen.

Digitaler Minimalismus, Fokussierung und Selbstbeobachtung

Das weltweite Angebot an Medien ist überwältigend. Tatsächlich sind viele Erwachsene sehr abhängig von ihren Geräten. Eltern müssen dies berücksichtigen, denn die Kinder ahmen nach, was sie sehen.

Eltern müssen die Verwendung von elektronischen Geräten in der Nähe Ihrer Kinder einschränken. Sie sollten Ihren Kindern zeigen, dass es nicht notwendig ist, elektronische Geräte zu nutzen, um zu spielen, zu lesen, zu schreiben, Spaß zu haben oder zu lernen, sondern dass diese Geräte in bestimmten Situationen ein gutes Hilfsmittel sein können.

Häufig wird hierfür der Ausdruck digitaler Minimalismus verwendet. Dahinter verbirgt sich der Trend, die Nutzung von elektronischen Geräten und Medieninhalten drastisch einzuschränken (z.B. nach 18.00 Uhr, in der Nähe Ihrer Kinder, am Wochenende usw.). Der kontinuierliche „Strom“ von Neuigkeiten von Twitter, Instagram, Facebook oder E-Mails und jegliche Form von sozialen Medien soll dabei deutlich reduziert werden, um sich dem zwanghaften Blick auf den Bildschirm zu entziehen, der sich über die Jahre in die Welt eingeschlichen hat. Die Begrenzung des ständigen Einsatzes elektronischer Geräte wirkt sich sehr positiv auf Konzentration, Kreativität und die Fähigkeit aus, geistig anspruchsvolle Aufgaben zu erfüllen.

Es ist wichtig, Kindern beizubringen, dass es Zeiten gibt, in denen ein Buch oder eine leere Seite Papier und ein Stift das Einzige sind, was sie brauchen, um Dinge zu erledigen!

Kurz gesagt: Eltern sollten ein Vorbild für die Kinder im Umgang mit elektronischem „Spielzeugen“ sein. Kinder müssen lernen, wie wichtig Konzentration und Aufmerksamkeit ist.

Ein Wort zum Alter

Während Kinder wachsen, entwickeln sich ihr Gehirn und ihr Körper ständig weiter. Die meisten Kinder liegen im Hinblick auf diese Entwicklung „im Durchschnitt", d.h. sie passen in die üblichen Schubladen, die heute verwendet werden (1-3 Jahre,4-6 Jahre etc.). Es gibt jedoch Ausnahmen! So sind einige Kinder in der Lage, ein komplexes Lernspiel zu spielen und wirklich davon zu profitieren, während andere überhaupt nicht vorankommen. Wie in den vorangegangenen Kapiteln erläutert, müssen Eltern und Lehrer immer das individuelle Verhalten der Kinder berücksichtigen. Das gilt auch für ältere Kinder und das beliebte Thema Ballerspiele.

Angenommen, es gäbe ein Lernspiel, das das Genre Ballerspiel und das Thema Mathematik verbindet (z.B. eine realistischere Version des Lernspiels „Timez Attack" – siehe weiter unten). Eltern müssen hierbei beobachten, ob das Kind wirklich den mathematischen Anteil des Spiels erfasst oder ob das „Ballern" zu viel Ablenkung ist. Einige Kinder können „Fortnite" (kein Lernspiel!) nach erledigten Hausaufgaben spielen, trotzdem ruhig bleiben und gute Noten nach Hause bringen, während andere dies nicht können. Dies ist oftmals nicht auf das Alter zurückzuführen, sondern auf die Persönlichkeit und die Fähigkeiten des Kindes.

Ein besonderes Problem gibt es im Alter zwischen 5 und 8 Jahren. Es gibt eine erstaunliche Menge an Spielen, die für Kinder in dieser Altersgruppe verkauft werden und dabei erwartet wird, dass die Anleitung und die Geschichte fließend gelesen und verstanden werden kann. Doch viele 5- und 6-Jährige sind mit Texten in diesem Alter überfordert.

Kurz gesagt: Trotz der Altersempfehlungen müssen Eltern auf die passenden Inhalte der Spiele für die Kinder achten.

Wie man ein gutes Lernspiel erkennt

Es gibt viele verschiedene Spiele, und es liegt in der Verantwortung der Eltern und Lehrer, die richtige Wahl für die Kinder zu treffen.

Es gibt keine feste Definition für Lernspiele, daher ist eine Unmenge an Spielen für Kinder erhältlich, die auch Lernspiele genannt werden. Hier sollte man vorsichtig sein und gut auswählen. Viele Spiele für Kinder sind lediglich Unterhaltungsspiele ohne wirklichen Lernaspekt. Um sich als Elternteil oder Lehrer zu orientieren, sollten einige Fragen zu dem Spiel beantwortet werden, bevor entschieden werden kann, ob es tatsächlich ein Spiel ist, welches moderne Medien nutzt, um einen Lerneffekt zu erzielen und dabei den spielerisch-motivierenden Effekt nutzt oder schlichtweg nur „ein Videospiel" ist.

1. Ist der Inhalt des Spiels für das Alter des Kindes geeignet?

Hier sind die im vorherigen Kapitel genannten Punkte zu prüfen – Altersfreigaben, Nutzerreviews etc. Auch das Spielen von Demo-Versionen oder das Anschauen des Spieles auf YouTube oder das Lesen von Rezensionen hilft bei der Einschätzung.

Eine weitere zu berücksichtigende Frage ist: Ist das Spiel bei ADHS, Epilepsie und anderen Erkrankungen Ihres Kindes geeignet? Es kann sinnvoll sein, für diese Frage Experten (Ärzte etc.) hinzuzuziehen.

2. Welches Thema vermittelt das Spiel?

Ist das Spiel tatsächlich ein Lernspiel, das Informationen über Themen bietet, die das Kind interessieren bzw. für die Eltern im Interesse des Kindes relevant sind, wie z.B. naturwissenschaftliche Themen wie Mathematik und Wissenschaft, oder Lesen, Schreiben, Musik und Kunst? Es gibt viele Spiele, die als Lernspiel bezeichnet werden, aber nicht alle halten ihr Versprechen.

In diesem Zusammenhang sei ein Beispiel genannt: Minecraft. Minecraft wird oft in die Kategorie Bildung eingestuft. Auch wenn das

Konstruieren und das grundlegende Überleben ein interessanter Aspekt ist, der sicher auch lehrreich ist, ist Minecraft vor allen dann der Bildung dienlich (im Sinne von Schulfächern), wenn man Kinder dazu bringt, damit zu programmieren (z.B. durch Redstone-Schaltungen oder Programmiersprache). Ansonsten gehört es in die Kategorie kreative Abenteuerspiele.

3. Mit welcher Methode wird das Thema gelehrt?

Es gibt Lernspiele, die sich nur auf das zu lehrende Thema selbst konzentrieren, wie die schlichte Anzeige und Berechnung von mathematischen Aufgaben nacheinander. Es ist sinnvoll, solche Spiele für bestimmte Themen einzusetzen, bei denen viel Übung zur Verbesserung notwendig ist (z.B. Mathematik, Schreiben, Lesen). Besonders Lernsoftware für Erwachsene ist derzeit auf diese Weise aufgebaut, da man von Erwachsenen erwartet, dass sie sich besser motovieren können. Auch Spiele wie „ANTON“ (siehe weiter unten) gehen zum Teil in diese Richtung. Doch Kinder sollten „spielend lernen“, wobei das Lernen eher ein Nebenaspekt sein sollte, zumindest im Empfinden des Kindes. Und wenn Kinder (auch Erwachsene!) keinen Spaß haben, verlieren sie schnell das Interesse, da der Nutzen des spielerischen Lernens nur durch die motivierenden Effekte der Spielwelt erreicht wird. Spielt das Kind gerne Jump'n'run-Spiele, mag ist es viel besser sein, ein solches Spiel mit einem Schulfach zu kombinieren – beispielweise indem ein Held, der durch die Welt springt, mathematische Aufgaben berechnen muss, um in der Spielwelt voranzukommen (wie beim Spiel Magic Land ADHS). Der Held kann nur dann aufsteigen und vorankommen, wenn bestimmte Aufgaben gelöst sind. Es kann auch interessant sein, wenn es einen Highscore oder die Möglichkeit gibt, mit oder gegen andere Spieler zu spielen, damit das Ergebnis mit den Ergebnissen anderer Kinder verglichen werden kann – ein zusätzlicher Anreiz. Auch hier ist es die Entscheidung der Eltern, herauszufinden, welche Methoden die Kinder bevorzugen.

Die Nutzung von Virtual Reality oder Augmented Reality ist ein weiterer Punkt, der in diese Kategorie fällt. Trotz des Mangels an Bildungsinhalten, die zum Zeitpunkt dieses Buches in diesem Bereich verfügbar sind, sollte das Potenzial von VR und AR nicht unterschätzt und beobachtet werden.

4. Gibt es eine elterliche Kontrolle und Statistiken?

Es ist wichtig, den Fortschritt zu sehen, den Kinder innerhalb des Sachverhaltes beim Spiels erreichen. Einige Spiele erlauben es auch, bestimmte Schulfächer ein- oder auszuschalten, den Schwierigkeitsgrad zu ändern, und eine zeitliche Begrenzung einzufügen. Elterliche Kontrolle bei Lernspielen kann sehr hilfreich sein, um den Sinn und Nicht-Sinn von Spielen zu bewerten.

Kurz gesagt: Ein gutes Lernspiel muss:

- Angemessene Inhalte anbieten.
- Speziell auf die Bedürfnisse des Kindes abgestimmt sein.
- Fähigkeiten des Kindes durch eine geeignete Lehrmethode verbessern, die motivierende Aspekte, den „Spielspaß“ sowie das Vermitteln des Lehrinhalts nicht zu kurz kommen lässt.
- Den Eltern ermöglichen, den Fortschritt des Kindes zu sehen lässt.

Am Beispiel des Spiels *Magic Land ADS/ADHS* werden die oben gestellten Fragen zur Verdeutlichung beantwortet:

Magic Land ADS/ADHS

1. Das Spiel zeigt visuell keine gewalttätigen Inhalte, aber Feinde

müssen durch den Einsatz von Zaubersprüchen besiegt werden. Das empfohlene Alter ist ab 7 Jahren für Kinder mit Lesekompetenzen (Kinder müssen Inhalte lesen können).
2. Das Spiel lehrt Mathematik, Lesen, Schreiben, einige wissenschaftliche Themen und Sprachen.
3. Es ist ein 2D-Jump'n'Run-Spiel, bei dem die schulischen Themen eingestreut werden und nur dann notwendig sind, wenn der Spieler Magie einsetzen muss. Der Spieler kann wählen, wie oft er Magie einsetzt, aber es ist nicht möglich, das Spiel ohne Magie (also die Bewältigung von Schulthemen) zu gewinnen.
4. Das Spiel bietet verschiedene Schwierigkeitsgrade. Eltern können Themen an- und abschalten. Eine Punktzahl zeigt den Status des Spielers an.

Für ein Kind ab 7 Jahren, das gut lesen kann, sich in den genannten Schulfächern verbessern muss und Jump'n'Run-Spiele mag, ist dieses Spiel sehr gut als Lernspiel für Handys und Tablets geeignet.

Abbildung 9.1: Magisches Land ADHS

Kurz gesagt: Eltern sollten die vorangestellten einfachen Fragen beantworten, um ein nützliches Lernspiel für die Kinder auszuwählen.

Die begrenzte Auswahl an guten Lernspielen

Es wurde bereits diskutiert, dass die Auswahl an guten Lernspielen bislang sehr begrenzt ist. Dennoch greift der nachfolgende Abschnitt die für Kinder empfohlenen Plattformen und Spiele auf und gibt Empfehlungen für jede Altersgruppe. Es sei erwähnt, dass bei der stetig wachsenden Menge verfügbarer Spiele die erwähnten Produkte nur eine Auswahl darstellen und keinen Anspruch auf Vollständigkeit haben können.

Als grundsätzliche Hilfestellung für Inhalte und Alter dient folgende Übersicht:

- Kinder unter 3 Jahren sollte keine elektronischen Spiele verwenden.
- Kindergartenkinder (ab 3 bis 5 Jahre) - erste Logikspiele, Alltagsthemen, visuelle und akustische Reize nutzen (Tiere, Tierstimmen etc. mit wenig bis kein Medieneinsatz)
- Vorschulkinder / Schulanfänger (5 – 6 Jahre) - zunehmende Lernorientierung in Schulfächern
- Grundschulkinder (6 – 10 Jahre) - Lesen, Lernen, Unterhaltung, Kreativität
- Schüler (ab 11 Jahre) - zunehmend Reife in Richtung Wissensaufnahme und Bildung in Fachthemen

Die GBLS

Die folgenden aufgeführten Spiele werden mit einer

Punktebewertung versehen – der *Gamed Based Learning Score (GBLS).* Diese liegt gemäß Schulnoten zwischen 1 und 6 und bewertet die Qualität von Lernspielen auf Basis der Kriterien dieses Buches.

SPIELEPLATTFORMEN FÜR LERNSPIELE FÜR VORSCHULKINDER (4-7)_

Zu den empfohlenen Lernspielplattformen für Vorschulkinder gehören die Geräte tiptoi (Stift), VTech 80 Storio MAX, Nintendo 2DS und Android & iOS.

In anderen Ländern ist außerdem noch der für Vorschulkinder entwickelte LeapFrog LeapTV zu nennen, der hierzulande leider nicht angeboten wird. Das System beinhaltet vielfältige Angebote in Form verschiedener Spiele, die sowohl Jungen als auch Mädchen lernspielerisch ansprechen. Ein hierzulande erhältliches vergleichbares System ist das VTech 80-Tablet in unterschiedlichen Versionen, das auch teilweise Stift-Eingabeunterstützung bietet. Die Grundausstattung beinhaltet 20 Lernspiele verschiedener Themen, die für Kinder interessant sein können. Weitere Spiele lassen sich dazu installieren. Die Bedienung erfolgt weniger haptisch als beim LeapTV, sondern Tablet-üblich – durch Druck und Wisch-Gesten. Kinder von 4 bis 9 Jahren können mit bekannten Figuren wie *Spiderman, Nemo und Dori und Micky Maus* lehrreiche Spiele spielen. Was dem Tablet fehlt, ist die Steuerung durch Körperbewegung, die Produkte wie LeapFrog anbieten. Die Auswahl an Inhalten ist jedoch ähnlich groß.

Bild 9.2: Das Vtech 80 Storio Max

VTech InnoTV ist ein weiteres Bildungsspielsystem für Kinder im Alter von 3 bis 8 Jahren, das speziell für Vorschulkinder entwickelt wurde, aber nicht in Deutschland verfügbar ist. Auch für dieses ist eine Vielzahl von Spielemodulen zum Lernen verfügbar, zu denen es in Deutschland als einzige das Storio TV gibt.

Am ehesten für Kinder nutzbar ist die Nintendo Wii bzw. die Wii U, die nicht als Lernkonsole konzipiert ist, aber eine große Auswahl an Lernspielen anbietet. Eine den vorher genannten Produkten vergleichbare Anzahl an Lernspielen, die auf Vorschulkinder zugeschnitten sind, gibt es bei der Wii jedoch nicht.

Zu erwähnen ist hier der Vollständigkeit halber auch der Tiptoi-Stift von Ravensburger und die damit verbundene Auswahl an lehrreichen Spielen. Der Stift kann mit verschiedener Software bespielt werden, wodurch die Inhalte des jeweiligen Buches oder Spieles auf den Stift übertragen werden, sodass dieser als interaktives Instrument verwendet werden kann. Der Stift liest vor, stellt Fragen, reagiert auf besondere Punkte in den Büchern oder Spielen und dient damit als haptisches Gerät, welches den Kindern die Freude am Aufnehmen von Inhalten erleichtern soll. Der Stift eignet sich für das Lesen und Interagieren sowie das spielerische Lernen auf Basis dazugekaufter Brettspiele oder Bücher für Kinder gut, geht jedoch ein wenig am Schwerpunkt Videospiele vorbei.

Der Nintendo 2DS ist perfekt für kleine Hände und lange Autofahrten und ist eines der besten Videospielsysteme für Kinder für unterwegs – zumal die Unterstützung mittels Stifteingabe auch Malen möglich macht. Es ist ein farbenfrohes Handheld-Gerät mit zwei hellen Bildschirmen. Dieses Spielsystem bietet – je nach Spiel - lehrreiche Unterhaltung, wo immer das Kind auch sein mag. Das robuste, scharnierlose Design stellt sicher, dass der 2DS auch dem etwas rabiaten Verhaltes eines kleinen Spielers standhält. Auch wenn die Bildschirme keine 3D-Bilder wie bei der 3DS-Variante darstellen, ist der Bildschirm des 2DS in der Lage, moderne 3DS-Spiele wie *Nikoli's Pencil Puzzle, Pokémon Art Academy, Animal Crossing: New Leaf, Tomodachi Life, Gerhirnjogging Konzentrationstraining und Kochen mit Mama 5: Bon Appetit!....* abzuspielen. Viele Lernspiele für die Nintendo 2DS-Plattform können ab 5 Jahren verwendet werden.

Android- und iOS-Geräte wie Smartphones und Tablets bieten auch eine Reihe von Lernspielen für Vorschulkinder – in einer stetig wachsenden Anzahl. Die meisten dieser Spiele sind in den offiziellen iOS- und Android-App-Stores erhältlich. Mangels haptischer Eingabemöglichkeiten und eingeschränkter Bedienbarkeit, sind diese Spiele für jüngere Kinder weniger geeignet. Dennoch können einfache Inhalte wie das Erkennen und Benennen von Farben, Formen, Tieren einfach mittels Berührung und der Konsum kleiner Lehrfilme für eine begrenzte Zeit auch kleinen Kindern nützlich sein. Dies gilt auch für die Möglichkeiten der Eingabe mit Stift für das Malen in diesem Umfeld.

Der Konsum sollte bei Kindern ab 3 und bis 5 Jahren auf 20 Minuten pro Tag begrenzt werden.

Hinweis: Einige Spiele sind in der nachfolgenden Liste mehrfach erwähnt, da sie für mehrere Altersklassen gut verwendet werden können.

FÜR KLEINE KINDER AB 4 JAHREN – IST DIE NUTZUNG DES 2DS, DER VTECH PRODUKTE SOWIE KLEINE TABLET SPIELE FÜR SEHR KURZE ZEIT EMPFEHLENSWERT.

VTech Spiele

Allen hier erwähnten VTech Spielen ist gemeinsam, dass bekannte Figuren in eine Geschichte integriert werden und Aufgaben parallel gelöst werden müssen. Dies motiviert die Kinder beim Lernen der jeweiligen Fächer, die in jedem Spiel in kleine Einzelspiele unterteilt sind.

PJ Masks HD

Alter: 4+

Platform: Storio Max

Thema: Mathematik, teilweise Zahlen schreiben

Punkte: 3

Beschreibung: Basierend auf den Helden der TV Serie müssen hintergründig Mathematik-Aufgaben gelöst werden.

Die Oktonauten

Alter: 4+

Platform: Storio Max

Thema: Lesen, Merkfähigkeit, Problemlösung

Punkte: 3

Beschreibung: Als Helden der Meere müssen die Spieler kleine Aufgaben und Leseeinheiten absolvieren, um das Abenteuer zu bestehen.

Die Garde der Löwen

Alter: 4+

Platform: Storio Max

Thema: Räumliches Denken, Merkfähigkeit, Formen

Punkte: 3

Beschreibung: Basierend auf den Helden der TV Serie müssen kleine Aufgaben lösen, die das räumliche Denken anregen sowie die Merkfähigkeit schulen.

Trolls

Alter: 4+

Platform: Storio Max

Thema: Farben, Formen, Wortschatz

Punkte: 3

Beschreibung: Basierend auf dem Kinofilm müssen Farben und Formen erkannt werden. Der Wortschatz wird erweitert.

Disney Prinzessinnen

Alter: 5+

Platform: Storio Max

Thema: Textverständnis, Merkfähigkeit

Punkte: 3

Beschreibung: Cinderella muss bei der Suche nach einem Geburtstagsgeschenk für den Prinzen unterstützt werden und dabei die Fähigkeiten in Textverständnis und Merkfähigkeit beweisen.

die Eiskönigin

Alter: 5+

Platform: Storio Max

Thema: Lesen, Buchstabieren, Merkfähigkeit

Punkte: 4

Beschreibung: Anna, Elsa und ihre Freunde reisen durch das Land Arendelle und lösen hierbei kleine Aufgaben in Form mehrerer Lernsiele im Bereich des Faches Deutsch, aber auch Musik und Merkfähigkeit.

<u>Teenage Mutant Ninja Turtles</u>

Alter: 5+

Platform: Storio Max

Thema: Lesen, Mathematik, Logik

Punkte: 3

Beschreibung: Mit den Muntant Ninja Turtles kann man nicht nur Kämpfe bestreiten, sondern auch lesen üben, Mathematikaufgaben rechnen und kleine Logikspiele absolvieren.

- **Android & iOS Spiele**

<u>Bugs and Numbers</u>

Alter: 4-8 Jahre

Plattform: iOS

Thema: Mathematik

Bewertung: 3

Figure 9.3: Bugs and numbers

Beschreibung: Bugs and Numbers ist ein Mathematikspiel für jüngere Kinder und bietet verschiedene mathematische Themen wie Zählen, Addition, Subtraktion, Uhrenlesen usw. mit schönen Grafiken und Sounds. Im Bild ist z.B. sichtbar, dass Münzen der entsprechenden Zahl zugeordnet werden müssen.

<u>Prinzessin Lillifee - Prinzessin Lillifees Lernpaket</u>

Alter: 5+
Platform: iOS, Android
Thema: Deutsch, Mathematik, Logik, Englisch
Bewertung: 4

Figure 9.4: Prinzessin Lillifee

Beschreibung: Prinzessin Lillifee als bekannte Zeichentrickfigur wurde für verschiedene Fächer als Lernspiel veröffentlicht und hilft besonders Kindern, die sich mit der Figur identifizieren, bestimmte Sachverhalte besser zu verstehen.

Lernerfolg Vorschule: Capt'n Sharky – Reihe

Alter: 4-8 Jahre

Plattform: iOS, Android

Bewertung: 3-4

Beschreibung: Capt'n Sharky ist als tapferer Möchtegern-Pirat bei Kindern bekannt. Auf Basis dieser Abenteuer und bekannten Synchronisationsstimme, sind verschiedene Lernspiele für den Vorschul- und ersten Grundschulbereich erscheinen, u.a. Erste Buchstaben, Logik- und Konzentrationsspiele, Erste Zahlen, Erstes Englisch

Thinkrolls 2

Alter: 5-9 Jahre

Plattform: iOS, Android

Thema: Logik

Bewertung: 3

Beschreibung: Als lehrreiches Logik-Rätselspiel für Kinder bezeichnet, bietet Thinkrolls kleine Rätsel, die sich mit logischem Denken lösen lassen. Schön sind die verwendeten Figuren, Grafiken und Hintergründe.

Die Maus

Alter: 4+

Plattform: iOS, Android

Thema: Verschiedene Themen

Bewertung: 3-4

Beschreibung: Bekannt aus Rundfunk und Fernsehen bietet die Maus typische lehrreiche Kurzfilme, die in der App eingeblendet werden. Durch Interaktion muss der Spieler die eine oder andere Wahl treffen, die fachlich weniger Tiefgang haben.

Petterssons Erfindungen

Alter: 5+

Plattform: iOS, Android

Thema: Logik, Sachkunde

Bewertung: 3-4

Beschreibung: Petersson und Findus sind durch Bücher und andere Medien bekannt und beliebt. In der Erfinder-Reihe schlüpft das Kind in die Rolle dieser Helden, um wie aus den Geschichten gewöhnt, Dinge zusammen zu basteln. Obwohl dies gewissen naturwissenschaftlichen Gesetzen unterliegt, ist es eher ein „Knobelspiel" als ein Lernspiel.

Olchi ABC - Buchstabensuppe

Alter: 5+
Plattform: iOS, Android
Thema: Deutsch
Bewertung: 3
Beschreibung: Kinder lernen mit Olchis ABC Themen aus dem Fachgebiet Deutsch. Unter anderem betrifft dies das Buchstabieren sowie Groß- und Kleinbuchstaben.

ANTON - Grundschule - Lernen

Alter: 5-12 Jahre
Plattform: iOS, Android
Thema: Alle Grundschulfächer
Bewertung: 2-3
Beschreibung: ANTON Grundschule ist ein im Wesentlichen auf die Grundschulfächer Mathematik, Deutsch, Musik, und Sachunterricht fokussierte Anwendung. Die Spiele sind weniger spielerisch verpackt, sondern konzentriert auf das jeweilige Thema. Dafür gibt es Auszeichnungen und Punkte, um die Motivation beizubehalten.

Lerne Japanisch mit Tako - Hiragana, Katakana, Kanji und Romaji

Alter: 7+
Plattform: iOS, Android
Thema: Japanisch
Bewertung: 2-3
Beschreibung: Wenn ein Kind (oder auch Erwachsener) erste Kenntnisse in Japanisch erwerben möchte, kann man mit dieser App gute Fortschritte machen. Man muss japanische Zeichen zeichnen und lesen lernen und dies unter steigenden Schwierigkeitsstufen.

Fragenbär – Reihe

Alter: 5+

Plattform: iOS, Android

- Mathe 1 und 2
- Fragenbär richtig schreiben
- Richtig konzentrieren (und weitere)

Thema: Mathematik, Deutsch, Konzentrationsübungen

Bewertung: 2-3

Figure 9.5: Fragenbär

Beschreibung: Bei den Apps vom Fragenbär sind die Figuren in kleine Geschichten oder Szenen integriert, die dann mit einem Fachthema gelöst werden müssen. Die Einbindung der schulischen Themen in die Figuren-Szenerie ist angemessen und macht Freude.

Mathe-Spiele für Kinder - Addition & Subtraktion

Alter: 5+

Plattform: iOS, Android

Thema: Mathematik

Bewertung: 2-3

Beschreibung: Gute Sprachausgabe und schöne grafische Effekte sind hier in mathematische Übungen integriert, die kurzweilig und motivierend wirken. Eine spielerische Geschichte drum herum wird dabei nicht erzählt, was für jüngere Kinder, die interessiert an ersten Matheübungen sind, nicht störend ist.

Mathe Land: Kopfrechnen für Kinder

Alter: 6+

Plattform: iOS, Android

Thema: Mathematik

Bewertung: 2

Beschreibung: Der Pirat muss sich in einem Abenteuerland zurechtfinden und dabei mathematische Aufgaben lösen. Das Durchqueren des Landes mit seinen kleinen Minispielen, die witzige Grafik mit passender Musik, wirkt motivierend auf Kinder beim Matheüben.

Star Walk Kids

Alter: 5+

Plattform: iOS, Android

Thema: Astronomie

Bewertung: 2

Beschreibung: Kinder können mit diesem Programm Astronomie besser verstehen lernen. Die spielerische Aufarbeitung des Themas ist für jüngere Kinder gut geeignet, um sich mit den Themen Sonnensystem und auch Sternenbilder zu befassen.

codeSpark Akademie & den Foo

Alter: 6+

Plattform: iOS, Android

Thema: Informatik / Logik

Bewertung: 2

Figure 9.6: CodeSpark

Beschreibung: codeSpark ermöglicht erstes logisches Denken in Form von Programmierung. die Kinder müssen Level durchspielen und verbessern dabei ihre Fähigkeiten. Nebenbei können sie Spiele selbst entwickeln.

Khan-Akademie Kids

Alter: 4+

Plattform: iOS, Android

Thema: Vielfältige Lernthemen

Bewertung: 2-3

Figure 9.8: Khan academy kids

Beschreibung: Khan Academy ist eine Sammlung von mobilen Apps, die Themen wie Mathematik und Lesen mit kreativen Aktivitäten wie Zeichnen und Geschichtenerzählen kombinieren. Leider sind Inhalte derzeit nur in Englisch erhältlich.

<u>Sago Mini Doodlecast</u>

Alter: 3+

Plattform: iOS

Thema: Kunst und Lesen

Bewertung: 3

Beschreibung: Ein beeindruckendes Spiel, bei dem sich Kinder entweder verbal oder durch Kunst ausdrücken können.

- **Konsolenspiele**

<u>Sesamstraße: Elmo's musikalisches Monsterstück</u>

Alter: 3+

Plattform: Nintendo (z.B. Wii)
Thema: Musik
Bewertung: 3

Abbildung 9.9: Sesamstraße: Elmo's musikalisches Monsterstück

Beschreibung: Ein Spiel, das das musikalische Talent von Kindern durch eine Reihe von Abenteuern fördert.

- **Browser-basierte Spiele / PC-Spiele**

Jumpstart - http://www.jumpstart.com/

Alter: 3-13 Jahre

Plattform: Browser

Thema: verschiedene Fächer

Ergebnis: 3-4

Beschreibung: Jumpstart ist eine Plattform, die lustige, spannende Spiele entwickelt, um Vorschüler auf den Kindergarten vorzubereiten. Viele Spiele sind sprachunabhängig, dennoch liegt der Fokus auf der englischen Sprachwelt.

National Geographic kids - https://kids.nationalgeographic.com/games/

Alter: 3-13 Jahre

Plattform: Web-Browser

Thema: Wissenschaft

Ergebnis: 3-4

Beschreibung: Kinderspiele, die von National Geographic produziert (und herausgegeben) werden, sollen Kindern die Tierwelt näherbringen. Einige der Spiele bieten Kindern die Möglichkeit, mit ihren Lieblings-Cartoon-Figuren wie SpongeBob und Ben 10 zu spielen. Viele Themen sind sprachunabhängig, dennoch liegt der Fokus auf der englischen Sprachwelt.

Scoyo - https://www-de.scoyo.com/

Alter: 5 – 14

Platform: Web-Browser

Thema: Mathematik, Deutsch, Englisch

Ergebnis: 2-3

Figure 9.10: Scoyo Lernplatform

Beschreibung: Die Scoyo-Platform bietet für Schüler und verscheidende Schulfächer kleine Minispiele, die die Schüler eigenständig abschließen können, um die Welt vor Gefahren zu retten.

Ritter Rost - Englisch lernen mit Ritter Rost

Alter: 5+

Plattform: Windows, Mac OS

Thema: Englisch

Bewertung: 4

Beschreibung: Ritter Rost muss in diesem Spiel seine typischen Aufgaben lösen. Hierbei wird der Spieler mit der englischen Sprache konfrontiert.

- **Tiptoi (geeignet für Kinder zwischen 4 und 7)**
- Ravensburger Tiptoi Starter-Set: Stift und Bauernhof-Buch, bunt
- Ravensburger Tiptoi Create Starter-Set: Stift und Weltreise-

Buch

- Ravensburger tiptoi Wir spielen Schule - / Erlebe interaktiv einen kompletten Schultag
- Ravensburger - Tiptoi Interaktiver Globus
- Ravensburger Tiptoi Starter-Set: Stift und Buchstaben-Spiel
- Ravensburger tiptoi Spiel "Der hungrige Zahlen-Roboter"

- **Für kleine Hacker**

Thinkfun - https://www.thinkfun.com/learn-coding/

Alter: 4+
Plattform: Browser
Thema: Programmierung
Punktzahl: Keine Bewertung
Beschreibung: Thinkfun ist eine webbasierte Plattform für Lernspiele - wie Robot Turtles und Code Master - die Kinder aller Altersgruppen und Niveaus in die Welt der Programmierung einführen soll.

Roboter BQ Zowi

Alter: 6+
Plattform: iOS, Android
Thema: Informatik
Bewertung: 2-3
Beschreibung: Als elektronisches Spielzeug für jüngere Kinder können erste Erfahrungen mit der Programmierung eines Roboters gemacht werden, der auf die Befehle hört, die in der App eingegeben werden.

SPIELEPLATTFORMEN FÜR JUNGE KINDER (5-9 JAHRE)_

DIE VIELLEICHT BESTEN Bildungsspieleplattformen für diese Altersgruppe sind der Nintendo 3DS, Wii, Wii U und Nintendo Switch sowie das Smartphone / Tablet-Angebot. Der Nintendo DS und die im Folgenden entwickelten Konsolen sind für Kinder ab 6 Jahren gedacht. Die Menüführung bei den Nintendo-Produkten beim Spielwechsel, Speichern, und Aktualisieren von Software (insbesondere der Nintendo DS-Serie) ist besonders für kleine Kinder geeignet. Die Nintendo Switch ist jedoch eine relativ neue Gaming-Plattform. Es ist ein Hybridgerät, das es Kindern ermöglicht, es entweder an einen Fernseher anzudocken und in HD zu spielen oder es im Handheld-Modus mitzunehmen. Im Tablet-Modus können Kinder mit anderen zusammenspielen, und der praktische Ständer sorgt für einen guten Halt. Kinder können sich bewegen, wenn sie mit den mitgelieferten Joy-Cons spielen können, die als traditionelle Controller dienen. Wie die Wii können sie jede Auf-, Ab- oder Seitwärtsbewegung erkennen und werden ebenfalls über Tasten gesteuert. Mit der Nintendo Switch können Kinder Freunde zu Hause herausfordern, mit anderen Nintendo Switch-Benutzern online konkurrieren oder sogar bis zu acht Systeme miteinander verbinden, um überall zu spielen. Auch Smartphones und Tablets bieten hier viele Möglichkeiten und eine interessante Auswahl an Spielen.

FÜR KINDER ZWISCHEN 5-9 – NUTZE NINTENDOS 3DS, WII U,

SWITCH ODER DIE ANGEBOTE VON HANDYS UND SMARTPHONE FÜR LERNSPIELE.

- **Android & iOS Spiele**

Das Weltall Held Mathe Spiel
Alter: 8+
Plattform: Android
Thema: Mathematik
Bewertung: 2
Beschreibung: Mittels Raumschiff kämpft man sich Arcade-gemäß durch den Weltraum und muss dabei Aufgaben lösen. Jede Stufe wird dabei schwerer. Die Übungen können von Klasse 1 bis 8 eingestellt werden.

Duolingo: Sprachkurse
Alter: 9+
Plattform: iOS, Android
Thema: Sprachen
Bewertung: 2
Beschreibung: Mit Duolingo ist der Benutzer in der Lage, Sprachen zu lernen, die auf einem Konzept basieren, das Spielelemente und den Einsatz neuer Technologien wie Spracherkennung verbindet. Außerdem lassen sich Sätze erstellen, Vokabeln lernen und vieles mehr – der Aufstieg wird mittels Punktesystem / Orden motivierend begleitet.

SMART Adventures Mission Math
Alter: 6+
Plattform: iOS und Nintendo Switch
Thema: Mathematik

Bewertung: 4

Beschreibung: SMART Adventures Mission Math - Peril at the Pyramids ist ein geschichtenbasiertes Mathematikspiel, bei dem Kinder mathematische Probleme lösen, während sie sich bei einem aufregenden Abenteuer befinden.

CyberChase Shape Quest

Alter: 5+

Plattform: iOS, Android

Thema: Mathematik

Bewertung: 2

Beschreibung: CyberChase Shape Quest ist ein lehrreiches Mathematikspiel, das Kindern hilft, mehr über Formen, Geometrie, Argumentation und Problemlösung zu erfahren, während sie Spaß am Spielen haben. Es sind wenige sprachrelevante Themen vorhanden, dennoch gibt es das Spiel nur in English.

Magic Land ADHS/ADS

Alter: 7-12 Jahre

Plattform: iOS, Android

Thema: verschiedene Themen

Bewertung: 1-2

Bild 9.11: Magisches Land ADHS

Beschreibung: Magic Land ADHS ist ein 2D Jump'n'Run Spiel, das Mathematik, Lesen, Schreiben, einige wissenschaftliche Themen und Sprachen unterrichtet. Der Spieler muss sich hierbei durch eine Abenteuerwelt kämpfen und mithilfe der Magie Aufgaben lösen. Nebenbei müssen dabei schulische Themen bewältigt werden.

Marble Math Junior

Alter: 5+

Plattform: iOS, Android

Thema: Mathematik

Bewertung: 2

Beschreibung: Marble Math Junior ist ein ausgezeichnetes Spiel, das es Kindern ermöglicht, zu lernen, mathematische Probleme zu lösen, während sie gleichzeitig an einem Labyrinthspiel teilnehmen. Es sind wenige sprachrelevante Themen vorhanden, dennoch gibt es das Spiel nur in English.

Conni Mathe-Lernspiel 1. Klasse, 2. Klasse, Conni Rechnen 1-100 sowie Conni Uhrzeit, Conni Lesen, Conni ABC, Conni Englisch

Alter: 5+

Plattform: iOS, Android

Thema: Mathematik, Deutsch, Sachkunde

Bewertung: 3-4

Beschreibung: Conni als Hauptfigur wird in den Spielen mit einfachen Grafiken und kleinen Spielen durch eine jeweilige Szenerie geführt. Spieler müssen hierbei Aufgaben erledigen, deren Komplexität altersgerecht, aber auch schnell begrenzt ist bzw. langweilig wird.

Sushi-Monster

Alter: 5+

Plattform: iOS

Thema: Mathematik

Bewertung: 3

Beschreibung: Sushi Monster ist ein Mathematikspiel, durch das Kinder arithmetische Konzepte wie Multiplikation und Addition durch Fütterung von Monstern lernen können. Für jede richtige Antwort werden Punkte gesammelt, und der Zorn des Monsters wird mit jeder falschen Antwort erhöht.

Crazy Gears

Alter: 5+

Plattform: iOS

Thema: Wissenschaft

Bewertung: 4

Beschreibung: Crazy Gears ist ein anweisungsfreies Spiel, das Kinder anregt, naturwissenschaftliche Probleme zu lösen. Es ermöglicht es Kindern, ihre Denk- und Problemlösungsfähigkeiten zu nutzen, da es keine Hinweise oder Anweisungen enthält.

- **Konsolenspiele**

Big Brain Academy

Alter: 5+
Plattform: Nintendo DS
Thema: Mathematik
Bewertung: 2

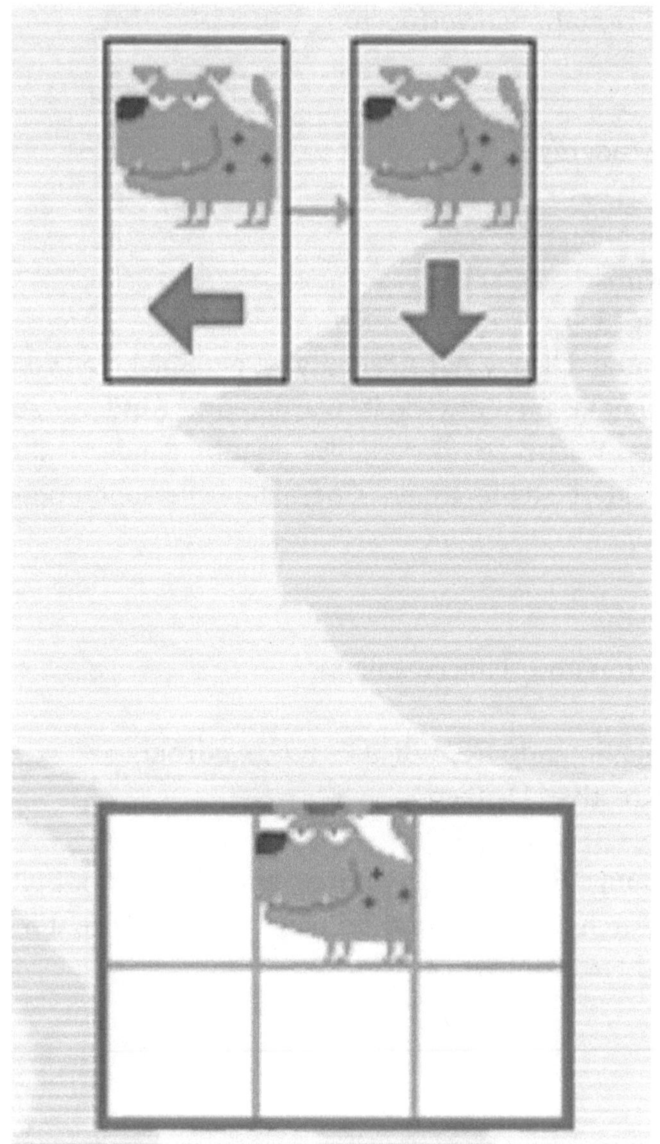

Figure 9.12: Big Brain Academy

Beschreibung: Big Brain Academy ist ein Spiel, das für Kinder entwickelt wurde, die mit grundlegenden mathematischen Konzepten wie Addition, Multiplikation und Subtraktion vertraut sind und über finanzielle Informationen verfügen.

Disney Art Academy

Alter: 5+

Plattform: Nintendo

Thema: Kunst

Bewertung: 3

Beschreibung: Disney Art Academy ist ein Spiel, das von Disney und Nintendo gemeinsam entwickelt wurde, um Kindern zu helfen, ihr künstlerisches Talent zu fördern. Es erlaubt Kindern, ihre Lieblings-Disney-Charaktere sowie andere Charaktere, Personen oder Objekte zu zeichnen.

Professor Layton und seine Abenteuer

Alter: 7+

Plattform: Nintendo DS, Wii, iOS, iOS, Android

Thema: Kreatives Denken

Bewertung: 3

Beschreibung: Professor Layton ist eine Abenteuer-Spiel Reihe, die den Spieler durch die Ecken und Winkel Londons führt, um Geheimnisse zu lüften und Fälle zu lösen.

Brain Age

Alter: 7+

Plattform: Nintendo DS

Thema: Mathematik, Lesen

Bewertung: 3

Beschreibung: Brain Age ist eine Spiel-Reihe, die für Kinder über mehrere Jahre entwickelt wurden, um ihre mathematischen und

Gedächtnisfähigkeiten zu verbessern.

- **PC-Spiele**

Lernspaß - 1. Klasse (5+)

Alter: 5+

Plattform: Windows

Thema: Mathematik

Bewertung: 3-4

Beschreibung: Terzio entwickelte eine Reihe an Spielen zu unterschiedlichen Themen, darunter auch Lernspaß 1. Klasse. Der Spiele löst Mathematik-Aufgaben verschiedenster Art, die einbettet in eine Bauernhofwelt, den Spieler auf spielerische Weise dabei begleitet.

Tertio Lernspass - Rechtschreib-Trainer 2. Klasse & Tivola Lernerfolg Grundschule Deutsch 1-4

Alter: 7+

Plattform: Windows, Mac OS

Thema: Deutsch

Bewertung: 3

Beschreibung: Terzio entwickelte eine Reihe an Spielen zu unterschiedlichen Themen, darunter auch den Rechtschreibtrainer. Der Spiele löst Deutschaufgaben verschiedenster Art, die einbettet in eine Welt voller Zwergen, den Spieler auf spielerische Weise dabei begleitet. Dazu gehören Kreuzworträtsel, Lückentexte und ähnliche Schwerpunkte.

Addy-Mathe/Deutsch Grundschule X. Klasse

Alter: 5+

Plattform: Windows, Mac OS

Thema: Mathematik, Deutsch

Bewertung: 3

Beschreibung: Die Addy-Reihe vertieft die Schwerpunkte Deutsch und Mathematik, indem Addy als Charakter eine Geschichte erlebt, in die die Aufgaben eingestreut werden. Für jede Klassenstufe gibt es hier eine Version, die unterschiedliche Schwerpunkte beinhaltet.

Lernvitamin Reihe

Alter: 5+ (bis Oberstufe)

Plattform: Windows, Mac OS

Thema: Mathematik, Deutsch sowie weitere Fächer

Bewertung: 3-4

Beschreibung: Die Lernvitamin-Reihe vertieft verschiedene Schwerpunkte der Grundschule, in der auch eigene Aufgabenschwerpunkte zusammengestellt werden können. Die Aufgabenvielfalt ist groß und für jede Klassenstufe vorhanden. Vokabeln können gelernt werden, indem die Sprachdateien als MP3s auf andere Geräte übertragen werden. Die Spiele sind sehr unterschiedlich, ein Motivationseffekt durch wirklich spielerische Elemente ist begrenzt.

Emil und Pauline in der Südsee 2.0 - Deutsch und Mathe

Alter: 7+

Plattform: Windows, Mac OS

Thema: Mathematik, Deutsch

Bewertung: 2-3

Beschreibung: Emil und Pauline müssen in einer Südsee-Welt am Strand viele Aufgaben in Form einfacher Silbenzusammensetzungen und Mathematik-Aufgaben lösen. Die Grafik, Musik und Szenerie machen eine amüsante Stimmung und sorgen beim Lernen für Abwechslung.

JumpStart 3D Virtuelle Welt

Alter: 5+

Plattform: Fenster

Thema: Mathematik und Lesen

Bewertung: 2

Beschreibung: JumpStart 3D Virtuelle Welt ist ein wissenschaftlich orientiertes Spiel, das Kinder mit "Edelsteinen" belohnt - einer Währung, die im Spiel verdient wird - für die Bewältigung von Mathematik- und Leseaufgaben. Leider gibt es die Spiele nur in englischer Ausführung.

25 Jahre Löwenzahn - Linsen, Laser, Flaschenzüge sowie die Einzelspiele der Löwenzahnreihe

Alter: 5+

Plattform: Windows, Mac OS

Thema: Physik

Bewertung: 3-4

Beschreibung: Löwenzahn ist bekannt für die Themen Wissenschaft und Forschung. Die einzelnen Themen auf den CDs sind sehr unterschiedlich und benötigen nicht viel Interaktion des Nutzers.

2weistein: Das Geheimnis des roten Drachen

Alter: 8+

Thema: Mathematik

Plattform: Windows, Mac OS

Bewertung: 2

Figure 9.7: 2weistein: Das Geheimnis des roten Drachen

Beschreibung: Der Spieler kämpft sich durch eine Welt mit vielen Geheimnissen und löst Aufgaben nebenbei. Ein Lernkonzept, wie es in diesem Buch empfohlen wird. Leider sind Spiel und Technik nicht mehr auf dem letzten Stand.

Reader Rabbit

Alter: 5+

Plattform: Windows, Mac OS, Nintendo DS, Nintendo DS

Thema: verschiedene Fächer

Bewertung: 3-4

Beschreibung: Reader Rabbit ist eine Serie von 8 Spielen, die entwickelt wurde, um Kindern zu helfen, etwas über Phonetik, Reime, Mathematik und Ordnung zu lernen.

- **Browser-basierte Spiele**

Oxfordowl - https://www.oxfordowl.co.uk

Alter: 5-13 Jahre

Plattform: Browser
Thema: Englisch lesen
Ergebnis: 3-4
Beschreibung: Oxford Owl ist eine Online-Plattform, die Kindern das Lesen in englischer Sprache beibringt.

Crashcourse - https://www.youtube.com/user/crashcourse
Alter: 6+
Plattform: Browser
Thema: verschiedene Fächer
Bewertung: 4
Beschreibung: Crash Course ist eine YouTube-Lernplattform, die Lehrvideos zu verschiedenen Themen und Konzepten erstellt, die Kindern helfen, ihre Wissensdatenbank zu erweitern.

SimpleClub - https://www.simpleclub.com/
Alter: 8+
Plattform: iOS, Android, Web-Browser
Thema: Unterschiedliche Schulfächer
Bewertung: 4
Beschreibung: Die simpleclub App ist eine Sammlung von Lernvideos, die schulische Themen auf einer Kind- bzw. jugendlich-gerechten Art und Weise vermitteln. Besonders Jugendliche, die Themen „cool" verpackt haben möchten, können hier profitieren.

Scoyo - https://www-de.scoyo.com/
Alter: 5 – 14
Platform: Web-Browser
Thema: Mathematik, Deutsch, Englisch

Ergebnis: 2-3

Beschreibung: Die Scoyo-Platform bietet für Schüler und verscheidende Schulfächer kleine Minispiele, die die Schüler eigenständig abschließen können, um die Welt vor Gefahren zu retten. Das Lernen ist hier in eine Geschichte eingebettet, die motivierend wirkt.

Schlaukopf – https://www.schlaukopf.de

Alter: 6+

Plattform: Web-Browser

Thema: Mathematik, Deutsch, Englisch, Geschichte

Bewertung: 5

Beschreibung: Kindern können bei diesem Angebot kostenlos online üben. Es handelt sich hierbei weniger um ein Spiel, sondern um Übungsbögen, die kostenlos erledigt werden können. Hinweis: Die Bewertung beinhaltet hierbei nicht die Aufgaben selbst, sondern die Aufbereitung der Aufgaben im Sinne des „Game-Based-Learning-Ansatzes".

https://online-lernen.levrai.de

Alter: 6+

Plattform: Web-Browser

Thema: Mathematik, Deutsch, Englisch, Geschichte

Bewertung: 5

Beschreibung: Kindern können bei diesem Angebot kostenlos online üben. Es handelt sich hierbei weniger um ein Spiel, sondern um Übungsbögen, die kostenlos erledigt werden können. Hinweis: Die Bewertung beinhaltet hierbei nicht die Aufgaben selbst, sondern die Aufbereitung der Aufgaben im Sinne des „Game-Based-Learning-Ansatzes".

- **Für kleine Hacker**

Tynker Junior

Alter: 5+

Plattform: iOS

Thema: Programmierung

Bewertung: 3

Beschreibung: Tynker Junior ist ein abonnementbasiertes Lernspiel, das die Kinder durch seine drei Lernbereiche frühzeitig in die Programmierung einführt: Ocean Odyssey, Robots und Wild Rumble.

OSMO Genius Kit / Osmo Coding Awbie[1]

Alter: 6+

Plattform: iOS, Android

Thema: Logik / Programmierung

Bewertung: 2

Beschreibung: Das OSMO Genius Kit und die Erweiterung können verwendet werden, um Programmiererfahrung zu sammeln und logisches Denken zu trainieren. Der Vorteil vor allem für jüngere Kinder ist die Verwendung von echten Bausteinen, die mit der virtuellen Welt der App verbunden werden.

Sphero

Age 5+

Platform: iOS, Android

Subject: Mechanics, Coding

Description: Using real world building blocks kids can use the Sphero robots (different versions available) to play and learn to interact with robots using their smartphones or tablets.

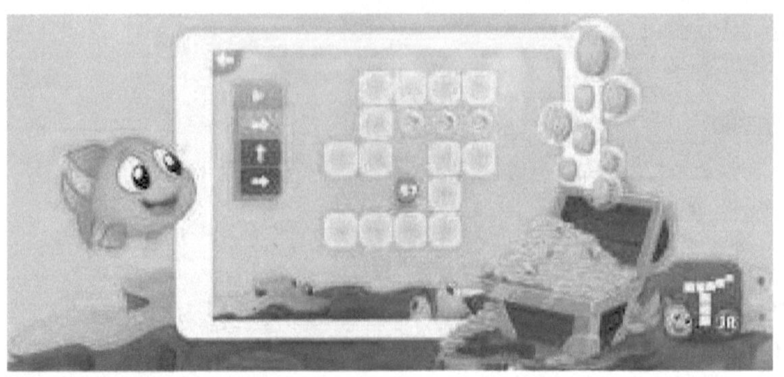
Abbildung 9.14: Tynker Junior

Scratch

Alter: 5+

Plattform: Browser, iOS, Android

Thema: Programmierung

Bewertung: 2-3

Beschreibung: Scratch ist eine kreative Spieleplattform, die Kinder auf das Leben und die Möglichkeiten der Zukunft vorbereitet, indem sie Grundkenntnisse in der Programmierung vermittelt.

---

1 https://www.playosmo.com/de/coding

DIE WAHL der Optionen ist für Tweens schwieriger als für andere Altersgruppen. Es sei jedoch darauf hingewiesen, dass Nintendo in dieser Hinsicht immer noch die besten Möglichkeiten bietet, dicht gefolgt vom PC. Natürlich bieten auch die Spiele für das Smartphone und Tablets eine mögliche Auswahl. Der PC ist etwas schwieriger zu "bedienen", da er mit einer Tastatur und einer Maus bedient werden muss. Während einige Kinder keine großen Fans der Tastatur sind, können andere bereits im Alter von 10 Jahren schnell tippen. Die Auswahl an Spielen ist riesig, aber gute Lernspiele sind selten.

Spezielle Hinweise für die Nutzung des Smartphones bezüglich des Alters

Dieses Buch behandelt nur den Gebrauch in Bezug auf Lernspiele und nicht den Gebrauch eines Smartphones zur Kommunikation. Das Alter, in dem Kinder ein Smartphone besitzen sollten, wird weltweit diskutiert und hängt sicherlich von verschiedenen Aspekten ab, die in diesem Buch nicht behandelt werden (z.B. der kulturelle Einfluss, in dem die Kinder aufwachsen (Land, Gemeinde), oder die Fähigkeiten des Kindes, verantwortungsbewusst mit dem Gerät umzugehen).

FÜR KINDER ZWISCHEN 8-12 – EIGNET SICH DER PC, DAS

SMARTPHONE / TABLET, SOWIE DIE NINTENDO KONSOLEN FÜR SINNVOLLE LERNSPIELE.

- **Android/iOS-Spiele**

<u>Magic Land ADHS/ADS</u>

Alter: 7-12 Jahre

Plattform: iOS, Android

Thema: verschiedene Themen

Bewertung: 1

Beschreibung: Magic Land ADHD ist ein 2D Jump'n'Run Spiel, das Mathematik, Lesen, Schreiben, einige wissenschaftliche Themen und Sprachen unterrichtet.

<u>Playful Minds: Math</u>

Alter: 5+

Platform: iOS

Thema: Mathematik, Logik

Score: 2

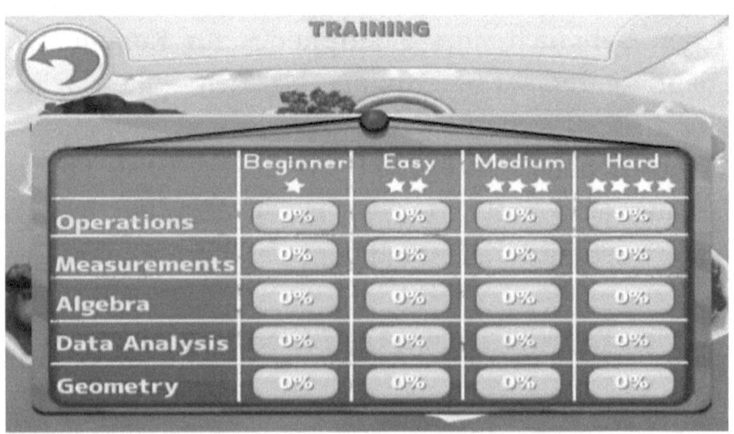

Figure 9.15: Playful Minds

Beschreibung: Ein Spieler muss eine Welt voller mathematischer Aufgaben durchqueren, um alle Aufgaben zu lösen. Diverse Themen wie Messungen, Algebra, Geometrie usw. sind enthalten. Wie in der folgenden Abbildung dargestellt, werden statistische Elemente genutzt, um den Fortschritt des Spielers anzuzeigen.

Math Evolve: A Fun Math Game

Alter: 6-10 Jahre

Plattform: iOS, Anzünden

Thema: Mathematik

Bewertung: 3

Figure 9.16: Math Evolve

Beschreibung: Mathematik entwickelt sich: A Fun Math Game ist ein spannendes Arcade-Spiel, das Kinder durch grundlegende mathematische Konzepte wie Addition, Subtraktion, Multiplikation und Division führt. Um zu gewinnen, müssen Kinder Zahlen erkennen und berechnen (siehe Abbildung 9.16).

<u>Ink Blott Underground</u>

Alter: 8+

Plattform: iOS

Thema: Lesen

Bewertung: 2

Beschreibung: Ink Blott Underground ist ein lustiges, spannendes Spiel, das den Kindern Wortbildung und den Gebrauch von Wörtern beibringt, indem es sie auf eine spannende Reise unter Tage mitnimmt, um "das Böse" zu beseitigen. Leider nur in Englisch.

<u>Solar Walk™ - Planeten, Weltall, Monde und ihre Größe</u>

Alter: 7+

Plattform: iOS, Android

Thema: Wissenschaft

Bewertung: 2

Abbildung 9.17: Solar Walk™ - Planetensystem, Umlaufbahnen, Monde & Größe

Beschreibung: Solar Walk™ - Planeten, Weltall, Monde und ihre Größe ist eine spielerische Lern-App, mit der Kinder etwas über das Sonnensystem lernen können. In der App können Kinder von einem kosmischen Körper zum nächsten zoomen, um Fakten zu entdecken oder eine Fotogalerie anzusehen.

Professor Astro Cat's Solarsystem

Alter: 7+

Plattform: iOS, Android

Thema: Wissenschaft

Bewertung: 2

Beschreibung: Professor Astro Cat's Solar System ist eine weitere spannende, spielerische Bildungs-App, die Kindern Wissen über das Sonnensystem vermittelt. Kinder können Quizspiele spielen, während sie das Sonnensystem erkunden, sowie sich selbst ein Raketenschiff bauen.

Tower Math

Alter: 7+

Plattform: iOS, Android

Thema: Mathematik

Bewertung: 1

Beschreibung: Tower Math ist ein lustiges Mathematikspiel, das es Kindern ermöglicht, ihre Additions-, Subtraktions-, Divisions- und Multiplikationsfähigkeiten zu nutzen und zu entwickeln, während sie Türme bauen und furchterregende Monster zu bloßen Zahlen machen. Die App ist nur in englischer Sprache erhältlich, lässt sich aber auch gut ohne Sprachkenntnisse spielen.

Flowkey

Alter: 7+

Plattform: iOS, Android

Thema: Musik

Bewertung: 1

Beschreibung: Flowkey ist eine interaktive App, die den Spielern das Klavierspielen beibringt und gleichzeitig sofortiges Feedback gibt.

Yousician Guitare

Alter: 7+

Plattform: iOS, Android

Thema: Musik

Bewertung: 1

Beschreibung: Yousician Guitare ist eine lustige, abonnementbasierte App, die den Spielern beibringt, wie man Musikinstrumente wie Gitarre, Klavier und Bass spielt.

- **Browser-basierte Spiele**

Oxfordowl - https://www.oxfordowl.co.uk

Alter: 5-13 Jahre

Plattform: Browser

Thema: Lesen

Ergebnis: 3-4

Beschreibung: Oxford Owl ist eine Online-Plattform, die Kindern das Lesen in englischer Sprache beibringt.

Scoyo - https://www-de.scoyo.com/

(siehe oben)

- **Konsolenspiele**

Letter Quest Remastered

Alter: 7+

Plattform: Mehrere Plattformen

Thema: Lesen

Bewertung: 2

Beschreibung: Letter Quest Remastered ist ein Rollenspiel, das Kindern die Möglichkeit bietet, Monster zu bekämpfen und wertvolle Edelsteine durch Rechtschreibung zu verdienen. Verschiedene Spiele wurden auf verschiedenen Plattformen realisiert. Die Bilder zeigen eine Version auf dem Nintendo DS.

- **PC-Spiele**

2weistein: Das Geheimnis des roten Drachen

Alter: 8+

Thema: Mathematik

Plattform: Windows, Mac OS

Bewertung: 2

Beschreibung: Der Spieler kämpft sich durch eine Welt mit vielen Geheimnissen und löst Aufgaben nebenbei. Ein Lernkonzept, wie es in diesem Buch empfohlen wird. Leider sind Spiel und Technik nicht mehr auf dem letzten Stand

Kerbal Space Program

Alter: 8+

Plattform: Windows, Mac OS, Linux, PlayStation, Playstation

Thema: Wissenschaft und Technologie

Bewertung: 4

Beschreibung: Kerbal Space Program ist ein gewaltfreies Lernspiel, bei dem Kinder ihre kreativen Denkfähigkeiten nutzen, um Raketenschiffe zu bauen und zu fliegen.

BigBrainz Timez Attack[1]

Alter: 7+

Plattform: PC

Thema: Mathematik

Bewertung: 2

Beschreibung: Imagine Learning ist eine Plattform, die engagiertes 3D-Gameplay einsetzt, um Kindern mathematische Grundlagen zu vermitteln - Addition, Subtraktion, Division und Multiplikation.

Wildlife Park series

Alter: 8+

Plattform: Fenster

Thema: Wissenschaft

Bewertung: 4

Beschreibung: Wildlife Park ist ein Bauspiel, das 2003 veröffentlicht wurde. Wie in Zoo Tycoon und Zoo Empire, geht es in dem Spiel um den Bau eines Wildparks oder Zoos.

Apollo 11 VR

Alter: 10+

Plattform: PC-basierte VR-Plattformen

Thema: Weltraumtechnik

Bewertung: 1

Beschreibung: Apollo 11 VR ist ein Spiel, das auf einer der größten Reisen basiert, die die Menschheit je unternommen hat, der Apollo 11 Mission. Durch dieses Spiel wird den Spielern eine virtuelle Erfahrung dieser historischen Reise aus erster Hand geboten.

Epistory – Typing Chronicles

Alter: 8+

Plattform: Windows, Mac OS

Thema: Tippen

Bewertung: 1

Beschreibung: Epistory - Typing Chronicles ist ein farbenfrohes Abenteuerspiel, in dem Fortschritte gemacht werden, wenn Wörter vom Spieler eingegeben werden.

- **Für kleine Hacker**

Codespells

Alter: 10+

Plattform: Fenster

Thema: Programmierung

Bewertung: 1-2

Bild 9.18: Codespells

Beschreibung: Codespells ist für Spieler geeignet, die bereits über grundlegende Programmierkenntnisse verfügen. Das kann es frustrierend machen, besonders für Anfänger. Mit der richtigen Anleitung und Ausdauer wird das Spiel jedoch bald faszinierend.

Tynker

Alter: 8+

Plattform: Browser

Thema: Programmierung

Bewertung: 2

Beschreibung: Tynker ist eine browserbasierte, visuell beeindruckende Plattform, die Kindern die Grundlagen der Programmierung vermittelt. Es enthält kostenpflichtige

Programmierkurse, für die Kinder angemeldet werden können, sowie kostenlose Programmierspiele.

Hopscotch

Alter: 8+
Plattform: iOS
Thema: Programmierung
Bewertung: 2

Abbildung 9.19: Hopscotch

Beschreibung: Hopscotch ist eine Plattform, die Kindern Programmierkenntnisse mit Hilfe von coolen, Drag and Drop und interaktiven Oberflächen vermittelt. Obwohl Hopscotch kostenlos genutzt werden kann, ermöglicht eine kostenpflichtige Mitgliedschaft Premium-Funktionen wie die Möglichkeit, eigene Bilder hinzuzufügen und persönliche Profile anzupassen.

Roboter BQ Zowi

Alter: 6+

Plattform: iOS, Android

Thema: Informatik

Bewertung: 2-3

Beschreibung: Als elektronisches Spielzeug für jüngere Kinder können erste Erfahrungen mit der Programmierung eines Roboters gemacht werden, der auf die Befehle hört, die in der App eingegeben werden.

OSMO Genius Kit / Osmo Coding Awbie[2]

Alter: 6+

Plattform: iOS, Android

Thema: Logik / Programmierung

Bewertung: 2

Beschreibung: Das OSMO Genius Kit und die Erweiterung können verwendet werden, um Programmiererfahrung zu sammeln und logisches Denken zu trainieren. Der Vorteil vor allem für jüngere Kinder ist die Verwendung von echten Bausteinen, die mit der virtuellen Welt der App verbunden werden.

Cargo-Bot

Alter: 10+

Plattform: iOS, Android

Thema: Programmierung

Bewertung: 2

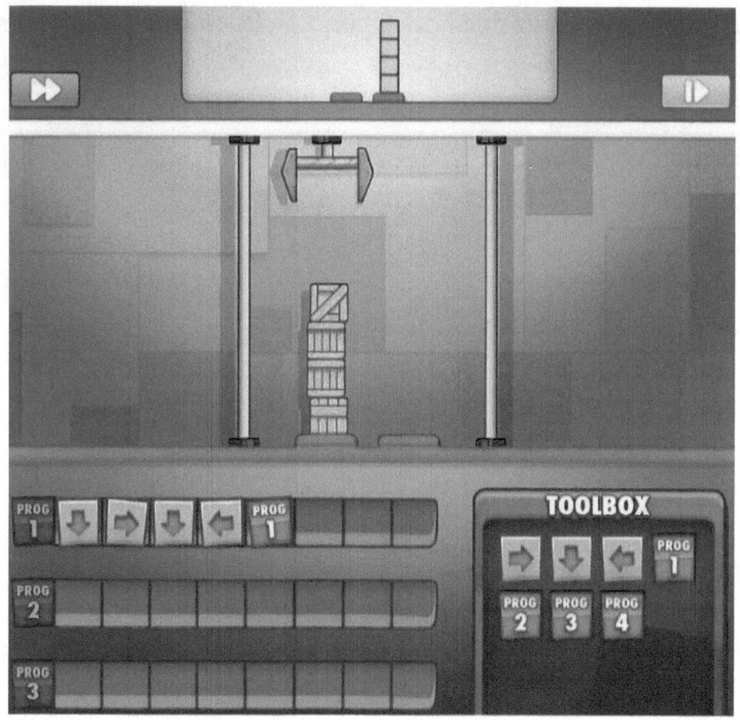

Figure 9.20: Cargo-Bot

Beschreibung: Cargo-Bot ist eine Programmierplattform, die Kindern das Programmieren mit Hilfe eines interaktiven Roboters beibringt, mit dem sich das Kind Objekte im Laufe des Spiels von einem Punkt zum anderen bewegt.

<u>Codeakid.com</u>

Alter: 7+

Plattform: Web-Browser-basiert

Thema: Programmierung

Bewertung: 3

Beschreibung: Codeakid ist eine Online-Akademie, die Kindern beibringt, wie man Programmierkenntnisse entwickelt, mit denen man

Minecraft mit Mods verändern oder generische Spiele / Apps entwickeln kann.

Lego Mindstorms Fix the Factory

Alter: 10+

Plattform: iOS

Thema: Programmierung

Bewertung: 2

Beschreibung: Lego Mindstorms Fix the Factory ist ein Programmierpuzzlespiel, bei dem Kinder einen Roboter anweisen müssen, bestimmte Aufgaben auszuführen.

---

1 https://www.imaginelearning.com/programs/math-facts

2 https://www.playosmo.com/de/coding

SPIELEPLATTFORMEN FÜR JUGENDLICHE (12 UND MEHR)_

DIE BESTEN SPIELBASIERTEN Lerngeräte für Jugendliche sind PCs, Tablets und Smartphones. Der PC bietet einen entscheidenden Vorteil: Kinder können damit beginnen, ihn auch für andere Zwecke zu nutzen - wie Schreiben und Hausaufgaben machen, auf der Tastatur tippen, Programmieren usw., was Aspekte sind, in die sich alle Teenager vor dem Abitur vertiefen sollten. Ähnliches kann man mit Smartphones oder Tablets im begrenzten Maße auch lernen. Für das Lernen könnten Smartphone- und Tablet-Applikationen jedoch einige Vorteile haben, da sie viele interessante Funktionen bieten, die die meisten PCs nicht bieten, wie z.B. Touch-Eingabe, Spracheingabe, Verwendung von digitalen Stiften, AR-Unterstützung und mehr. Für Smartphones und Tablets stehen auch mehr Lernspiele zur Verfügung als für den PC (obwohl webbasierte Spiele auf beiden Plattformen ausgeführt werden können). Es wird empfohlen, sich Zeit zu nehmen, um die richtigen Spiele durch die in diesem Buch genannten Schritte auszuwählen und weitere zu suchen.

JUGENDLICHE SOLLTEN SICH AN TABLETS, SMARTPHONES UND PCS HALTEN.

Lernspiele für Jugendliche (12 und mehr)

Die für diese Altersgruppe geeigneten Spiele werden nach den Plattformen kategorisiert, auf denen sie laufen.

- **PC-Spiele**

SpaceChem

Alter: 14+
Plattform: Windows, Mac OS, Linux, Linux
Thema: Wissenschaft
Bewertung: 4

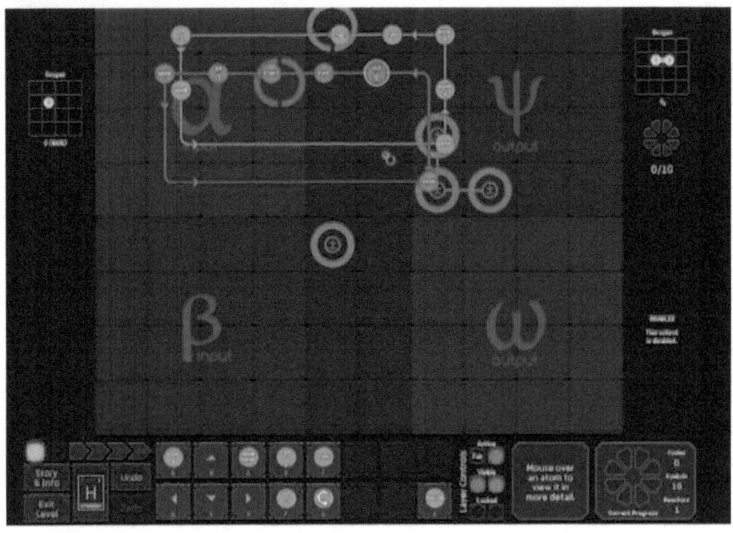

Figure 9.21: SpaceChem

Beschreibung: SpaceChem ist ein Spiel, das die Spieler dazu anregt, logisches Denken und wissenschaftliche Grundlagen zu nutzen, um naturwissenschaftliche Kernfähigkeiten zu entwickeln. Aufgrund der Komplexität des Spiels benötigen jüngere Spieler in der Regel eine Beratung durch Erwachsene, um Fortschritte zu erzielen. Im Bild ist zu sehen, dass der Spieler Atome in der richtigen Reihenfolge kombinieren muss, um eine Reaktion zu erzeugen.

Complete Anatomy

Alter: 14+

Plattform: Fenster

Thema: Wissenschaft

Bewertung: 3

Beschreibung: Obwohl nicht wirklich ein Spiel, verwendet Complete Anatomy eine ähnliche Interaktivität wie Spiele, um Wissen von der Plattform auf den Spieler zu übertragen.

Influent

Alter: 14+

Plattform: Windows

Thema: Sprache

Bewertung: 3

Beschreibung: Influent ist ein Videospiel zum Sprachenlernen, das Menschen motivieren soll, eine neue Sprache zu lernen, indem es den Erwerb von Vokabeln und die richtige Aussprache zu einem unterhaltsamen und lohnenden Erlebnis macht.

- **Für kleine Hacker**

MAKERbuino

Alter: 11+

Plattform: -

Thema: Physik, Elektronik, Programmierung

Bewertung: 2

Beschreibung: Kinder, die eine Spielekonsole selbst bauen wollen, sind mit diesem Bausatz gut beraten. Auch das Entwickeln von Spielen für das Gerät ist im Anschluss eine Herausforderung. Eltern sollten bei den Themen unterstützen, da sie teilweise einen hohen Schwierigkeitsgrad aufweisen.

<u>Arduboy - https://arduboy.com/</u>

Alter: 12+
Plattform: Arduino
Thema: Programmierung
Bewertung: 2

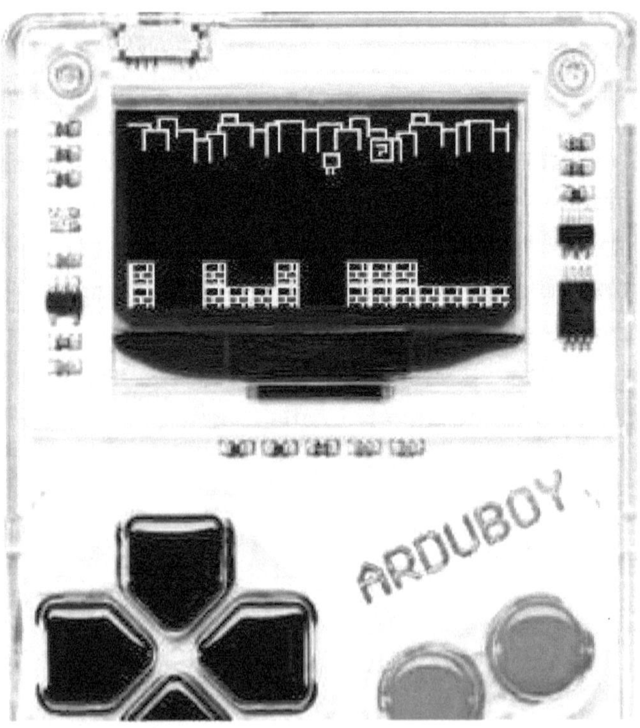

Figure 9.22: Arduboy coding kit

Beschreibung: Arduboy ist eine kleine und kompakte Gaming-Plattform, die ein 8-Bit-Spiel anbietet. Es ist Open Source, d.h. man kann das vorinstallierte Spiel modifizieren oder eigene Spiele entwickeln und spielen. Im Bild ist ein Spiel dargestellt, das auf einem Arduboy läuft.

Shenzhen I/O

Alter: 12+

Plattform: Windows, Mac OS, Linux, Linux

Thema: Programmierung

Bewertung: 3

Beschreibung: Shenzhen I/O ist ein Puzzle-Spiel, das es einem Spieler ermöglicht, den Charakter eines Elektronikers anzunehmen und Produkte (z.B. Schaltungen zu erstellen und Programme zu entwickeln, um sie auszuführen) für Kunden zu entwickeln.

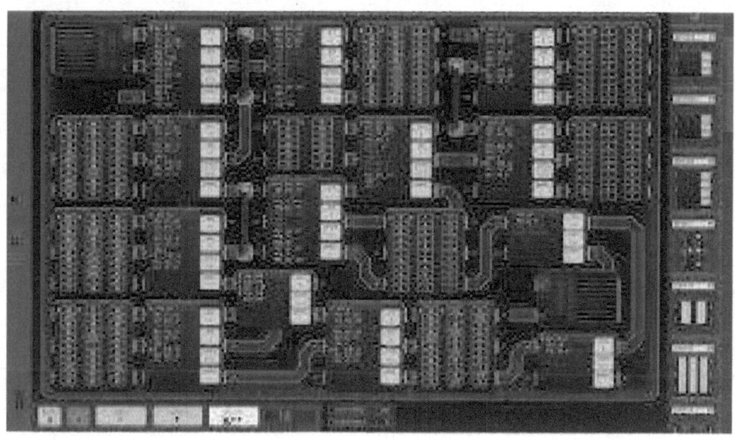

Abbildung 9.23: Shenzhen E/As

DER KLEINE HACKER: PROGRAMMIERÄHIGKEITEN FÜR DIE ZUKUNFT_

WENN DIE WELT ihren Fokus von manueller auf computergestützte Arbeit verlagert, müssen auch Kinder darauf vorbereitet werden. Eltern und Lehrer müssen die Kinder auf die Jobs und Möglichkeiten der Zukunft vorbereiten. Weltweit sind Berufe im Bereich der Softwareentwicklung gefragt[48] und Millionen von offene Stellen können mangels Personal nicht besetzt werden.

Es ist daher sinnvoll, Kindern technische Fähigkeiten mitzugeben. Geboren im Zeitalter von Internet und Hyper-Connectivity, sind die heutigen Kinder als „Digital Natives" quasi mit der Fähigkeit geboren worden, neue Technologien mit hoher Geschwindigkeit und Gewandtheit anzunehmen und beherrschen zu müssen. Mit den richtigen Strategien, Geräten und der richtigen Umgebung lernen Kinder diesen Umgang schnell. Wenn das Kind ein Interesse besitzt, sich intensiver mit diesen Themen zu beschäftigen, sollten Eltern dieses fördern.

Am besten geht dies durch das Erlernen von Programmierung und grundsätzliches Verständnis für Elektronik[50]. Computerprogrammierung vermittelt Kindern Fähigkeiten, die auf dem Arbeitsmarkt sehr relevant sind. Laut dem Bericht[51] über naturwissenschaftliche Berufe des U.S. Bureau of Labor Statistics ist die Zukunft für Entwickler, Programmierer, Softwareingenieure und Informatiker vielversprechend. Für den Zeitraum 2014 bis 2024 wird ein

Wachstum der Beschäftigungsmöglichkeiten in Computerberufen von 12,5 % prognostiziert. Auch die wirtschaftliche Seite ist vielversprechend: 93% der naturwissenschaftlichen Berufe haben Löhne, die über dem nationalen Durchschnitt liegen. Das bedeutet, dass die Kinder eine gute Chance haben, sich in dieser Branche zu behaupten und eine entsprechende finanzielle Stabilität genießen können.

Es gibt viele Lernspiele, die das Programmieren lehren. Diese Spiele bieten Programmierunterricht für Kinder jeden Alters und Entwicklungsstandes. Einige davon sind bereits im vorherigen in den jeweiligen Altersgruppen erwähnt worden („für kleine Hacker").

Elektronisches Spielzeug und Bausätze sind speziell entwickelt worden, um Kindern das „Hacking" und grundlegende Programmierkenntnisse beizubringen. "Es ist wichtig, dass wir Lernerfahrungen für Kinder schaffen, die helfen zu sehen, was für sie möglich ist, was sie tun können, wer sie sein können und welche Veränderungen sie an ihrem Umfeld vornehmen können", sagt Eric Rosenbaum, Elektronik-Kit-Designer und promovierter Doktor der MIT-Kindergartengruppe. Es gibt eine Reihe von Spielzeugen auf dem Markt, die mithilfe der Anleitung der Lehrer oder Eltern von Kindern sehr gut genutzt werden können, um erste Schritte in Richtung Elektronik, Mechanik und Programmierung zu gehen. Einige Beispiele sind:

- Kano
- LittleBits Gizmos und Gadgets Kit
- SparkFun Inventor's Kit
- DiverseLego-Kits
- Robo Wunderkid Starter Kit
- Mand Labs Kit
- Piper Computer Kit
- Sonstige Bausätze auf Raspberry Pi oder Arduino-Basis

Kano ist ein einfacher Bausatz für junge Bauherren ab 6 Jahren, der mit Bedienungsanleitung und leicht verständlichen Diagrammen verdeutlicht, wie man die Bauteile zusammenfügt und das „Gerät" zum Funktionieren bringt.

LittleBits Gizmos und Gadgets Kit ist ein einfacher elektronischer Bausatz, der es Kindern ermöglicht, die Grundlagen der Schaltungstechnik zu erlernen. Die einfachen Schritte sind auf der Vorderseite aufgedruckt und können leicht nachvollzogen werden,

Das SparkFun Inventor's Kit wurde für ältere Kinder ab 10 Jahren entwickelt, die eine große Leidenschaft für Programmierung und Elektronik haben. Es ist ein erstaunlich umfassendes und gut organisiertes Set für diejenigen, die versuchen, die Grundlagen der Computerprogrammierung und Elektronik zu verinnerlichen und weiterzuentwickeln.

Auch für Lego-Liebhaber gibt es elektronische Bausätze (Mindstorms, Dash Robot etc.). Lego-Kits sind lustig und aufregend zu bearbeiten. Kinder lernen bei der Arbeit mit elektronischen Lego-Bausätzen, wie Software die Hardware funktioniert und helfen so technologische Kompetenz aufzubauen.

Das Robo Wunderkid Starter Kit bietet jungen Robotik-Enthusiasten die Möglichkeit, ihre eigenen Roboter zu bauen und zu betreiben. Zu diesem Zweck ermöglicht können Kindern zwei Apps verwenden: Robo Code, um das Verhalten des Bots einzustellen; und Robo Play, mit dem Kinder ihren Bot fernbedienen können.

Mand Labs Kit, entwickelt für Kinder ab 6 Jahren, ist ein großes Paket, das buchstäblich alles enthält, was ein Kind braucht, um die Grundlagen der Elektronik und der Schaltungstechnik zu erlernen. Es enthält auch eine Schritt-für-Schritt-Anleitung für etwa 50 Herstellerprojekte, sowie 9 Stunden Videoanweisung.

Das Piper Computer Kit ist für ältere Kinder oder Kinder, die bereits mit den Grundkonzepten der Elektronik vertraut sind. Es wird mit der Himbeer Pi-Einheit, einem lasergeschnittenen Holzgehäuse, einem (kleinen) Bildschirm, einer Batterie und einer (sehr kleinen) Maus ausgeliefert. Kinder können ihren eigenen kleinen Computer entwickeln. Sobald sie ihren Computer erfolgreich zusammengebaut haben, können Kinder damit Aufgaben erledigen, Tippen, einfache Spiele spielen und sogar im Internet surfen.

Bausätze auf Arduino-Basis oder für den Raspberry Pi gibt es mittlerweile in Hülle und Fülle. Kinder ab 10 Jahren können sich hier austoben.

Zusätzlich sei noch einmal auf Spiele-Engines und Baukästen für Spieleentwicklung hingewiesen, die teils Programmierung erfordert. Kinder können hier der Kreativität freien Lauf lassen und sich sowohl mit Programmierung, wie auch mit Musik, Sound, Grafik und Animationen beschäftigen-:

Game Maker, Construct, Game Salad, RPG Maker, Mario Maker, Unity 3D, Unreal Engine etc.

Einige Kinder zeigen Interesse an mehr als nur den „normalen" Aufgaben der elektronischen Spielzeuge. Sie wollen wissen, wie diese Geräte funktionieren und "denken". Ein solches Interesse muss von den Eltern nachdrücklich wahrgenommen und gefördert werden, da es ein wichtiger Ausgangspunkt für den Weg des Kindes hin zur technologisch orientierten Arbeit sein kann. Das Zeitalter der Technik steht bevor, und die Nachfrage nach technologiebasierten Fähigkeiten steigt. Dieser Trend wird voraussichtlich weiter voranschreiten, so dass Eltern heute damit beginnen müssen, die technologische Denkweise ihrer Kinder zu berücksichtigen und die Affinität ihrer Kinder zu technischen Geräten zu stärken.

DIE KRAFT DER MOTIVATION: SPIELSTRATEGIEN_

SPIELBASIERTES LERNEN IST EIN ANSATZ, um Kinder (und Erwachsene) zum Lernen zu motivieren, indem man die Lernspiele so gestaltet, dass gesteigertes Engagement durch Spaß und Interesse entsteht. Hierbei werden also Spiel-Elemente in das Thema Lernen oder Bildung transportiert. Der Fachbegriff heißt „Gamification" und wird wissenschaftlich in unterschiedliche Formen unterteilt und zum Teil kontrovers diskutiert[41][40].

Es ist bekannt, dass Spiele die Motivation erhöhen können. Die traditionellen Methoden und Wege des Unterrichts im formalen Bildungsumfeld sind zwar für bestimmte Themen effektiv, aber nicht für alle Kinder oder Situation gut geeignet. Diese Tatsache zeigt sich in der Leistungsfähigkeit von Schülern, wie sie unter anderem in der PISA-Studie regelmäßig veröffentlicht wird. Auch außerhalb Europas ist dies sichtbar. In den USA zum Beispiel versäumen jedes Jahr rund 1,2 Millionen Studenten ihren Abschluss. Auf College-Ebene berichtet eine Harvard Graduate School of Education Studie "Pathways to Prosperity", dass 56% der Schüler innerhalb von sechs Jahren einen Abschluss machen für den eigentlich vier Jahre vorgesehen sind.

Gamification ist eine Möglichkeit, die Motivation auch im Bildungsbereich zu steigern und bietet zudem folgende Vorteile:

1. Bessere Lernerfahrung. Eine gute Spielstrategie mit hohem

Engagement führt zu einer Steigerung von Erinnerung und Bindung.

2. Sofortiges Feedback, so dass die Lernenden wissen, was sie richtigmachen und was sie noch lernen sollten.
3. Viele Themen. Spielerisches Lernen kann auf verschiedene Lernfelder angewendet werden [44].
4. Wiederholungen. Es gibt den Lernenden die Freiheit, Fehler zu begehen und es ohne negative Auswirkungen erneut zu versuchen [45] .
5. Motivation. Es dient als effektiver Motivator für Menschen mit geringer Lernmotivation. Es schafft Chancen, Spaß und Freude im Klassenzimmer zu steigern [46] .

Wie man die Gamification in die Bildung einbezieht

In Tests mit Gamification-Elementen sind positive Ergebnisse erkannt worden[42]. Folgende Ideen sind dabei entstanden:

1. Level Up

Eine Möglichkeit, das Lernen zu verbessern, besteht darin, das traditionelle Bewertungssystem aufzugeben und stattdessen das Erfahrungspunktesystem - aus Spielen bekannt - zu verwenden. Die Schüler erreichen damit unterschiedliche Level – wie in Spielen. Jede Aufgabe und jeder Test scheinen eher lohnend als entmutigend. Die Verwendung von Erfahrungspunkten ermöglicht es den Lehrkräften, das Niveau an den Fähigkeiten auszurichten und den inhärenten Wert der Bildung hervorzuheben.

2. Auszeichnung der Schüler mit Abzeichen

Bei dieser Methode werden die Schüler nach Abschluss von Aufgaben mit Abzeichen (engl. „Badges") ausgezeichnet. Diese Methode hat für die Webplattform Khan Academy funktioniert. Während die Schüler Lehrvideos ansehen und Problemsätze vervollständigen, vergibt die Khan Academy ihnen Punkte und Abzeichen, um den Fortschritt zu verfolgen und die Ausdauer zu fördern.

3. Integration von Spiele in den Lehrplan

Wie bereits erwähnt, erlaubt das Lernen durch Spielen, Fehler zu machen und es ohne negative Folgen erneut zu versuchen. Die Schüler erhalten ein Gefühl der Freiheit und Verantwortung. Wie in Spielen kontrollieren sie die Entscheidungen, die sie treffen. Je mehr Handlungsmacht sie haben, desto besser sind die Schüler. Sofortiges Feedback und Belohnungen sind externe Motivatoren, die funktionieren. Eine Fallstudie ist die des Herrn Pai, eines Lehrers der dritten Klasse [42]. Er durchbrach den traditionellen Unterricht, indem er unter anderem den Nintendo DS in seinen täglichen Lehrplan einführte. Die Schüler übten bestimmte Schulfächer durch den Einsatz von Computer- und Videospielen. In nur etwa 18 Wochen wechselte seine Klasse von einem Niveau, das durchschnittlich unter der 3. Klasse lag, auf ein Niveau der 4. Klasse.

4. Konkurrenz schaffen

Wettbewerb ist ein Mittel, um Menschen, insbesondere Kinder, dazu zu bringen, sich stärker für ein bestimmtes Ziel oder eine bestimmte Aufgabe einzusetzen. Die Angst vor dem Scheitern und der Triumph des Sieges sind motivierende Faktoren, die Kinder dazu bringen, ihr Bestes zu geben. Schließlich will jeder möglichst weit oben auf der Rangliste stehen.

In der Praxis ist eine Vielzahl von Gamification-Elementen zu beobachten, die die Industrie bereits in den Alltag etabliert haben: beim Ausfüllen einer Stempelkarte, um ein kostenloses Sandwich zu gewinnen, das Erhalten eines Auszeichnungen, um der erste Freund zu sein, der in einem bestimmten Restaurant eincheckt, oder die bei der Verwendung von Social Media-Seiten wie LinkedIn oder Facebook, um das Profil (dank Balken-Anzeige) auf 100% zu bringen. Die Automobilindustrie bewertet das Fahrverhalten erkennbar für den Fahrer mit Stern oder sonstigen Symbolen. Gamification bleibt ein gangbarer und vielversprechender Weg, um die hohe Motivation der Lernenden zu erhöhen.

Was fehlt in der Welt des Bildungsspiels?

Im Bereich des spielerischen Lernens wurde bisher zu wenig getan. Es gibt viele Lernspielen, die Themen und Konzepte vermitteln, aber noch nicht überzeugend genug sind. Die Welt braucht Lernspiele, die:

- ein für die Zielgruppe (in diesem Fall Kinder) relevantes Thema vermitteln.
- die richtige Mischung aus "Lernen" und "Spielen" verwenden. Der Lernanteil muss unterschwellig genug sein, dass das Spielerlebnis nicht gestört wird, und intensiv genug, dass das Thema vermittelt wird.
- das Spiel dazu nutzt, um ständige Motivation hervorzurufen und soziale Interaktion in das Spielprinzip mit einbaut.
- mehrere Funktionen aufgreift, die auf der gewählten Plattform verfügbar sind. Anstatt nur ein papierbasiertes Mathematik-Arbeitsblatt auf den Bildschirm zu übertragen, muss die Verwendung von AR/VR, Kamera, GPS, Gyroskop, Beschleunigungssensor, Magnetometer, Online-Verbindung usw. genutzt werden, um das Lerngefühl zu intensivieren.
- die Zielgruppe nicht mit Inhalten oder Features überfrachten.

- den Schwierigkeitsgrad und bestimmte Einstellungen individuell anpassbar machen, so dass Eltern die Kontrolle über den Inhalt behalten.
- die Eltern durch Statistiken die Fortschritte, sowie die Stärken und Schwächen ihres Kindes erkennen lassen.

In Anbetracht der Menge der stetig wachsenden Branche, ist kaum zu glauben, dass Lernspiele mit einem „GBLS“ von 1 und 2 extrem selten sind. Wenn man den GBLS-Wert dieses Buches in die verschiedenen Plattformen untersucht, auf denen Spiele gespielt werden können, ist das Ergebnis noch enttäuschender. Die Ergebnisse sind niederschmetternd:

Für PlayStation und Xbox gibt es fast keine wirklich guten Lernspiele.

Gute Lernspiele am PC werden von Jahr zu Jahr knapper. Zudem wird das Potenzial von VR wird in diesem Markt nicht ausreichend genutzt.

Es gibt verschiedene Angebote, die einen Web-Browser erfordern und am besten mit einem PC oder Mac genutzt werden, die von der Qualität akzeptabel sind.

Trotz der vielen Möglichkeiten für Nintendo-Konsolen sind die meisten Lernspiele entweder für den Nintendo 2/3DS oder die ältere Wii, aber nicht für die neue Switch-Konsole (noch nicht) erhältlich.

Die gigantische Auswahl an Lernspielen im Mobilfunkmarkt macht Smartphone und Tablets zur Top-Plattform für Lerninhalte mit sehr großem Potential. Die Qualität ist jedoch nicht überzeugend. Augmented Reality könnte ein neues Feature sein, das in naher Zukunft in pädagogischen Lernerfahrungen eingesetzt werden kann, bislang ist in Bezug auf Angebot noch kein Horizont in Sicht.

Bleibt noch die Frage zu stellen, - was die Gründe sind, warum die Auswahl bisher so begrenzt ist.

Der sicherlich wichtigste Grund ist das Geld. Es kann erheblich mehr Geld mit Spielen für den Massenmarkt verdient werden, als im Bereich von Bildungsspielen. Die durchschnittliche Altersgruppe der Menschen im Jahr 2017, die am meisten Spiele spielen, sind Menschen zwischen 21-35 Jahren, dicht gefolgt von den 36-50-Jährigen [39]. Mit Sicherheit sind diese Spiele nicht mehr sonderlich am Lernen interessiert.

Auch wenn die Bildungslandschaft in den Schulen allmählich auf den Einsatz von elektronischen Geräten umgestellt wird, ist der Einsatz von spielerischem Lernen immer noch unterrepräsentiert. Pädagogische Entscheidungen basieren auf wissenschaftlich fundierten Thesen, die es bislang kaum gibt. Bildungskonzepte entwickeln sich über einen wesentlich längeren Zeitraum als der Markt der Elektronik. Deshalb werden die Schulen immer hinterherhinken, und deshalb ist es wichtig, dass Eltern und Lehrer selbstständig und verantwortungsbewusst mit neuen Technologien experimentieren.

ZUSAMMENFASSUNG_

Dieses Buch hat zum Ziel, einen Einblick in die Welt von Lernspielen geben. Die wichtigsten Punkte sind hier noch einmal zusammengefasst:

Kapitel 1:

- Eltern sein, ist ein aufwendiger, faszinierender und letztlich lohnender Job. Kinder, besonders in jungen Jahren, brauchen die Führung von Erwachsenen für eine optimale Gesamtentwicklung. Eltern müssen sich daher dieser Verantwortung stellen und die Entwicklung ihrer Kinder in die Hand nehmen. Dies gilt auch für den Umgang mit Medien und elektronischem Spielzeug.
- Die Technologie hat die Art und Weise, wie Kinder die Welt begreifen und sich verhalten, massiv beeinflusst. Technik-Gadgets sind praktisch zu zusätzlichen Gliedmaßen unseres Körpers geworden, besonders auch bei Kindern. Wir sind weitgehend auf die Technologie angewiesen, um eine Vielzahl von Aufgaben zu erfüllen. Umso wichtiger ist es frühzeitig, deren verantwortungsbewussten Umgang zu lernen.
- Kinder verbringen viel Zeit in Innenräumen, und die Adipositasrate ist in den letzten Jahrzehnten in die Höhe

gestiegen. Wissenschaftler haben das der mangelnden Bewegung zugeschrieben. Trotz Computerspiele, ist Bewegung Pflicht!

Kapitel 2:

- Moderne Eltern haben im Sinne der Komplexität der Welt mehr elterliche Pflichten als die der vergangenen Generationen. Seit der Explosion der Technologieangebote haben Gerätschaften buchstäblich das Leben von Kindern übernommen, da die meisten heute Smartphones und Computer besitzen. Diese „Gadgets" können zwar zu positiven Zwecken eingesetzt werden, können aber auch Gefahren für Kindern mit sich bringen. Der moderne Elternteil und auch Lehrer trägt daher die Verantwortung für die optimale Nutzung dieser Geräte.
- Es gibt keine einheitliche oder einfache Lösung für gute sinnvolle Erziehung in diesem Zusammenhang. Erziehung ist eine Pflicht, die heute mehr als früher vernachlässigt wird, da der Trend erkennbar ist, dass Geräte die Oberhand gewinnen. Hier gilt sorgfältige Planung und Ausübung der elterlichen Verantwortung, um die Erziehungsziele zu erreichen.
- Kinder beschäftigen sich weniger mit PCs als mit Smartphones. Die einfache Bedienung von Smartphones hat sie für Menschen, insbesondere für Kinder, als bevorzugtes Gerät für Rechen- und Unterhaltungszwecke attraktiv gemacht. Eltern dienen hierbei als Vorbild bei der Nutzung und müssen Acht geben, hier ein gutes Vorbild zu sein.
- Smartphones und Tablets sind heute die beliebtesten Spieleplattformen und ersetzen PCs und Spielkonsolen im

Kindesalter und bei Jugendlichen mehr und mehr. Dies ist vor allem auf das umfangreiche Angebot zurückzuführen, das jedoch nur wenig gute Bildungsspiele beinhaltet.

- Moderne Geräte bieten unzählige Möglichkeiten und Vorteile, aber sie bergen fast ebenso viele Risiken und Gefahren, derer man sich als Elternteil und Lehrer bewusst sein muss, um Kinder an die Themen heranzuführen.

Kapitel 3:

- Die Entstehung des Internets hat Wege zu einfacheren und effektiveren Methoden zur Durchführung von Routinetätigkeiten eröffnet. Das Internet hat die Peer-to-Peer-Kommunikation durch die Einführung von Social Media und E-Mail erleichtert. Dies eröffnet viele Möglichkeiten aber auch Gefahren, auf die Kindern aufmerksam gemacht werden müssen.
- Online-basierte Spiele sind eine Möglichkeit, im Internet zu interagieren und soziale Fähigkeiten zu entwickeln, sowie andererseits ein Werkzeug, um bösartige Angriffe auf ahnungslose Kinder durchzuführen. Auch hierbei gelten wichtige Verhaltensregeln, die Kinder erlernen müssen.

Kapitel 4:

- Spiele sind eine effektive Möglichkeit, Kindern Themen beizubringen, die sonst unverständlich und für sie schwer zu verstehen sind. Die Qualität der Aufmerksamkeit, die Kinder dem Spielen schenken, kann genutzt werden, um ihnen Wissen zu vermitteln.

- Spielbasiertes Lernen – ob analog oder elektronisch vermittelt - hat das Potenzial, die intellektuelle Leistungsfähigkeit von Kindern positiv zu beeinflussen. Kognitiv, intellektuelle und soziale Stärken sind einige der für den Alltag wichtigen Fähigkeiten, die ein Kind durch die Nutzung von Lernspielen gewinnen kann.
- Die in Lernspielen erlernten und angewandten Fähigkeiten können bei der Lösung realer Probleme eingesetzt werden. Bestimmte Lernspiele vermitteln komplexe Konzepte, die die Problemlösungsfähigkeit von Kindern verbessern. Diese Fähigkeiten können dann bei der Lösung realer Situationen eingesetzt werden.

Kapitel 5:

- Eltern sollten die Kinder zum Spielen von guten Lernspielen ermutigen, da diese das Potenzial haben, komplexe Themen auf unterhaltsame und ansprechende Weise zu erklären. Sie können auch zu einer Verbesserung der Bildungsleistung von Kindern führen.
- Weitere Vorteile guter sind die Verbesserung der sozialen Interaktion, die Fähigkeit, Verbindungen und Netzwerke zu bilden, und die Verbesserung der intellektuellen Fähigkeiten.

Kapitel 6:

- Kinder müssen bei der Nutzung von Spieleinhalten begleitet werden. Sie brauchen Menschen, die sie anleiten und sicherstellen, dass sie mit angemessen Spielinhalten umgehen.
- Eltern wird besonders bei jüngeren Kindern empfohlen, die Spiele gemeinsam zu spielen bzw. die Medien gemeinsam zu konsumieren.
- Eltern können die Spielzeit und den Inhalt von Kindern durch bestimmte Maßnahmen einschränken. Dazu gehören elektronische, und physikalische Einschränkungen durch Zeitpläne, Überwachungsaktivitäten und Filter.
- Videospiele können, wenn sie richtig eingesetzt werden, Kindern mit ADS / ADHS Vorteile bieten, aber auch Gefahren mit sich bringen. Während einige wissenschaftliche Studien die positiven Auswirkungen von Videospielen auf Kinder mit ADHS hervorgehoben haben, haben einige die negativen Auswirkungen beleuchtet. In jedem Fall ist es wichtig, dass die Eltern die Kinder beobachten und erkennen, was für sie funktioniert und was nicht.

Kapitel 7:

- Eltern müssen den Inhalt von Spielen, denen die Kinder ausgesetzt sind, bewerten. Sie können eine Reihe von Methoden nutzen, um die Spielaktivitäten und -inhalte ihrer Kinder zu evaluieren und zu beobachten. Einige dieser Maßnahmen umfassen die Nutzung von Benutzerbewertungen und die Beachtung von Altersbeschränkungen, die bei den meisten Spielen vorhanden sind.

Kapitel 8:

- Lernspiele werden mit dem Ziel entwickelt, Kindern reales Wissen zu vermitteln. Mangels Standards für Lernspiele, unterscheidet sich die Qualität von Lernspielen jedoch erheblich.
- Verschiedene Spieleplattformen und -geräte sind für unterschiedliche Altersgruppen und Bildungsniveaus geeignet. Nintendo bietet mit seinen Wii / Wii U-, DS- und Switch-Geräten die wohl besten Spieleplattformen für Kinder zwischen 4 und 10 Jahren, welches auch die Verfügbarkeit von Lernspielen umfasst. Auch das Angebot von Smartphone-Spielen nimmt zu. Für ältere Kinder bieten PCs, Smartphones und Tablets bessere Lerninhalte.

Kapitel 9-12:

- Lernspiele werden nach dem Alter der Spieler und ihrem Bildungsniveau kategorisiert. Obacht geben sollten Eltern hier allerdings mehr auf die Entwicklung und Leistungsfähigkeiten des eigenen Kindes.

Kapitel 13:

- Während die meisten Kinder Zeit damit verbringen, moderne Geräte nur für Spiele und Internetzwecke zu verwenden, haben andere Kinder ein großes Interesse daran, ein tieferes Verständnis zu erlangen. Kinder, die frühes Interesse zeigen, sollten ermutigt werden, wozu sich verschiedene Bastelbausätze und erste Programmierthemen eignen.

Kapitel 14:

- Das Konzept der Gamification kann von Pädagogen und Lehrern angewendet werden, um für mehr Motivation beim Lernen zu sorgen.
- Gamification bietet unterhaltsame und spannende Möglichkeiten, den Schülern Lerninhalte auf eine Weise zu präsentieren, die sie genießen.

SCHLUSSFOLGERUNGEN_

Spielbasierten Lernen bietet eine andere Strategie als der traditionelle Lernprozess im Klassenzimmer. Der technologische Fortschrift mcht es möglich - Spiele werden als Medium genutzt, um sowohl Unterhaltung als auch Training gleichzeitig anzubieten. Die Auswirkungen dieser Kombination können im kognitiv-mentalen, emotionalen, intellektuellen und körperlichen Sinne positive Auswirkungen haben. Neben diese Vorteile gibt es auch Gefahren der neuen Technologie, die mit schädlichen Aspekten der Geräte selbst aber auch mit Kriminalität und dem Konsumverhalten in Zusammen stehen. Die in diesem Buch enthaltenen Empfehlungen dienen als Leitfaden für Eltern und Lehrern um ihre Kinder den Konsum sinnvoller Lernspiele zu ermöglichen und sie so zu fördern, wie es in der modernen Welt nötig ist. Die mediale Welt, zu der auch Computerspiele gehören, sind Teil der Kultur geworden und so ein wichtiger Teil der Entwicklung der meisten Kinder. Entsprechend sollte mit diesem Thema seitens der Schulen und Seitens der Eltern eingegangen werden.

1. Wartella, E., Rideout, V., Lauricella, A., & Connell, S. (2013). *"Parenting in the Age of Digital Technology: A National Survey"*. Report of the Center of Media and Human Development, School of Communication, Northwestern University.

2. A Common Sense Research Study (2013). *"Zero to Eight: Children's Media Use in America 2013"*, https://www.commonsensemedia.org/file/zero-to-eight-2013pdf-0/download, zugegriffen imAugust 2018

3. Lenhart, A. (2015). *Teens, Social Media & Technology Overview 2015.* Pew Research Center, http://www.pewinternet.org/2015/04/09/teens-social-media-technology-2015/, zugegriffen imAugust 2018

4. Lenhart, A. (2015). *"A Majority of American Teens Report Access to a Computer, Game Console, Smartphone and a Tablet"*, http://www.pewinternet.org/2015/04/09/a-majority-of-american-teens-report-access-to-a-computer-game-console-smartphone-and-a-tablet/, zugegriffen imAugust 2018

5. American Families See Tablets as Playmate, Teacher and Babysitter (2012), , https://www.nielson.com/us/en/insights/new/2012/america-families-see-tablets-as-playmate-teacher-and-babysitter.html, zugegriffen imJuly 2018

6. Alghamdi, Y. (2016). *"Negative Effects of Technology on Children of Today"*. Pakland University.

7. Journal of Child Obesity, http://www.imedpub.com/scholarly/childhood-obesity-statistics-journals-articles-ppts-list.php, zugegriffen imJune 2018

8. Arthur, C. (2012). Dell Revenues Slump as Tablets and Smartphones Eat into Market. The Guardian.

9. Ybarra, Michele & Mitchell, Kimberly. (2005). *"Exposure to Internet Pornography among Children and Adolescents: A National Survey".* Cyberpsychology & behavior : the impact of the Internet, multimedia and virtual reality on behavior and society. 8. 473-86. 10.1089/cpb.2005.8.473.

10. Gee, J. P. (2003). "What video games have to teach us about learning and literacy". New York, NY: Palgrave Macmillan.

11. Squire, K. (2004). *"Replaying history: Learning world history through playing Civilization III".* (Unpublished doctoral dissertation). Indiana University Bloomington, USA.

12. Siegler, R. S., & Ramani, G. B. (2008). *„Playing linear numerical board games promotes low-income children's numerical development".* Developmental Science, 11(5), 655-661.

13. Liu, E. Z. F., & Chen, P. K. (2013). *„The Effect of Game-Based Learning on Students' Learning Performance in Science Learning – A Case of "Conveyance Go""* Procedia - Social and Behavioral Sciences 103 (2013) 1044 – 1051

14. Milczynski, K.A., (2010). *"Literature Review: Effectiveness Of Gaming in the Classroom".* Michigan State University.

15. Mayer, R.E., (2016). *"What Should Be the Role of Computer Games in Education?"* SAGE Journals. Vol 3, Issue 1, 2016. https://doi.org/10.1177%2F2372732215621311

16. Griffiths M. (2005). *"Video games and health".* BMJ (Clinical research ed.), 331(7509), 122-3.

17. Marc Palaus, Elena M. Marron, Raquel Viejo-Sobera, Diego Redolar-Ripoll (2017). *"Neural Basis of Video Gaming: A Systematic Review".* Frontiers in Human Neuroscience, 2017; 11 DOI:

10.3389/fnhum.2017.00248

18. Anna T. Prescott, James D. Sargent, Jay G. Hull. (2018), *"Metaanalysis of the relationship between violent video game play and physical aggression over time"*. Proceedings of the National Academy of Sciences, 2018; 115 (40): 9882 DOI: 10.1073/pnas.1611617114

19. Marzano, R. J. (2010). *"Using Games to Enhance Student Achievement. Meeting Students Where They Are"*, Educational Leadership, 67, 5, 71-72.

20. MacKenty, B. (2006). *"All Play and No Work"*. School Library Journal, 52, 46-48.

21. Ke, F., & Grabowski, B. (2007). *"Gameplay for maths learning: cooperative or not?"* British Journal of Educational Technology, 37, 249-259.

22. Esteban Pittaro (2018), *"How to help your kids avoid video game addition"*, https://www.aleteia.org/2018/10/17/how-to-help-your-kids-avoid-video-game-addition/amp/, zugegriffen imdecember, 2018

23. Kinman, T. (2017). *"What's the Difference between ADHD and ADD?"* https://www.healthline.com/health/adhd/difference-between-add-and-adhd, zugegriffen imDecember, 2018

24. Kulman, R. *"Video Games Can Help Kids with ADHD – If You Choose Wisely"*. https://www.additudemag.com/video-games-help-adhd/ zugegriffen imDecember, 2018

25. Gentile, D., Swing, E., Bowen, L., Ferlazzo, M. (2012). *"Video game playing can compound kids' existing attention problems says ISU study"*. https://archive.news.iastate.edu/news/2012/feb/VGattention, zugegriffen imOctober, 2018

26. Caroline Miller, *"Do Video Games Cause ADHD?"*, https://childmind.org/article/do-video-games-cause-adhd/, zugegriffen imNovember 2018

27. Molnar, M., Cavanagh, S. (2013). *"Consumer Demand for Digital Learning Games, Simulations Growing Worldwide"*. https://www.edweek.org/ew/articles/2013/09/18/04games.h33.html

28. Barab, S. A.; Scott, B.; Siyahhan, S.; Goldstone, R.; Ingram-Goble, A.; Zuiker, S. J.; Warren, S. (2009). "*Transformational Play as a Curricular Scaffold: Using Videogames to Support Science Education*". Journal of Science Education and Technology. 18 (4): 305–320. doi:10.1007/s10956-009-9171-5.

29. Institute of Medicine, (2013), " *Educating the student body: taking physical activity and physical education to school*", Washington DC, National Academy of Science

30. Jesper Fritz (2017), "*Physical Activity During Growth. Effects on Bone, Muscle, Fracture Risk and Academic Performanc*e", Lund University, Faculty of Medicine

31. Linda Gabriel (2010), "*Spark, The Revolutionary New Science of Exercise and the Brain*" by John J. Ratey, MD – Book Review,http://thoughtmedicine.com/2010/05/spark-the-revolutionary-new-science-of-exercise-and-the-brain-by-john-j-ratey-md-book-review/, zugegriffen imAugust 2018

32. Sheryl Gay Stolberg (2010), "Childhood Obesity Battle Is Taken Up by First Lady", http://www.nytimes.com/2010/02/10/health/nutrition/10obesity.html?module=inline zugegriffen imAugust 2018

33. Lauren Cassani Davis, (2015), " *When Mindfulness Meets the Classroom*", https://www.theatlantic.com/education/archive/2015/08/mindfulness-education-schools-meditation/402469/ zugegriffen imSeptember 2018

34. Marlynn Wei, MD, JD (2016), "*More than just a game: Yoga for school-age children*", http://www.health.harvard.edu/blog/more-than-just-a-game-yoga-for-school-age-children-201601299055, zugegriffen imSeptember 2018

35. "*Data and Statistics About ADHD*", 2003-3016, http://www.cdc.gov/ncbddd/adhd/data.html zugegriffen imSeptember 2018

36. Grace Hwang Lynch (2015), "*The Importance of Art in Child*

Development", http://www.pbs.org/parents/education/music-arts/the-importance-of-art-in-child-development/ zugegriffen imSeptember 2018

37. Krichevets, A.N., Sirotkina, E.B., Yevsevicheva, I.V. & Zeldin, L.M. (1994). *"Computer games as a means of movement rehabilitation"*. Disability and Rehabilitation: An International Multidisciplinary Journal, 17, 100-105,https://doi.org/10.1016/j.compedu.2009.04.001

38. Trevor G. Marshall and Trudy J. Rumann Heil (2016). *"Electrosmog and autoimmune disease"*. doi: 10.1007/s12026-016-8825-7.

39. Statista (2017), *"Distribution of video gamers worldwide in 2017"*, by age group and gender, https://www.statista.com/statistics/722259/world-gamers-by-age-and-gender/, zugegriffen imOctober 2018

40. Kapp, Karl (2012). *"The gamification of learning and instruction: Game-based methods and strategies for training and education"*. San Fransciso: Pfeiffer. ISBN 9781118096345.

41. Werbach, Kevin; Hunter, Dan (2012). *"For the Win: How Game Thinking Can Revolutionize Your Business"*. Philadelphia, PA: Wharton Digital Press. ISBN 978-1613630235.

42. Suzanne Holloway (2018), *"Gamification in Education: 4 Ways To Bring Games To Your Classroom"*, https://tophat.com/blog/gamification-education-class/, zugegriffen imNovember 2018

43. Lou Carlozo (2012), *"Why college students stop short of a degree"*, http://www.reuters.com/article/2012/03/27/us-attn-andrea-education-dropouts-idUSBRE82Q0Y120120327, zugegriffen imNovember 2018

44. Asha Pandey (2015*), "6 Killer Examples Of Gamification In eLearning"*, https://elearningindustry.com/6-killer-examples-gamification-in-elearning, zugegriffen imJanuary 2019

45. Pavlus, John (2010). "*The Game of Life*". Scientific American. 303: 43–44. doi:10.1038/scientificamerican1210-43.

46. Lee, J.; Hammer, J. (2011). *"Gamification in education: What, how, why bother?"* (PDF). *Academic Exchange Quarterly.* **15** (2). Archived

from the original (PDF) on 2011-05-16.

47. Hirschhäuser, Lena; Kammerl, Rudolf (2011): Elterliche Befürchtungen und Beobachtungen exzessiver Mediennutzung Jugendlicher aus Expertenperspektive. In: merz | medien + erziehung, Jg. 55, H. 6, S. 47-57.

48. Kaminski, Winfred (2007): Wer spielt da eigentlich? – Jugendkultur. In: Kaminski, Winfred; Witting, Tanja (Hg.): Digitale Spielräume. Basiswissen Computer- und Videospiele. München: kopaed, S. 31-35.

49. Fritz, Jürgen; Lampert, Claudia; Schmidt, Jan-Hinrik; Witting, Tanja (Hg.) (2011): Kompetenzen und exzessive Nutzung bei Computerspielern: Gefordert, gefördert, gefährdet. Zusammenfassung einer Studie. Berlin: Vistas.

50. "Entertainment Trends in America" report reveals that video games account for one-third of the average monthly core entertainment spending in the U.S., PORT WASHINGTON, NEW YORK, May 20, 2009https://www.npd.com/wps/portal/npd/us/news/press-releases/pr_090520/, zugegriffen im May, 2018

51. WHO/IARC Pressemitteilung 208, 31. Mai 2011

52. BLIKK Medien-Studie-2016: Erste Ergebnisse von 3.048 Kindern, https://www.rfh-koeln.de/sites/rfh_koelnDE/myzms/content/e380/e1184/e29466/e34095/e34098/20161121_BLIKK_Pressemitteilung_Aend_VJ_ger.pdf, Zugriff im Januar 2019

www.ingramcontent.com/pod-product-compliance
Lightning Source LLC
LaVergne TN
LVHW091423190726
843491LV00006B/1575

* 9 7 8 3 9 8 2 0 7 7 8 5 7 *